白金猿（はっきんさる）Ⅱ

コロナ禍で可視化されたこの国の深層

白井 聡　金平茂紀　猿田佐世

かもがわ出版

まえがき

まさかこんな状況下で4年ぶりの話の続きをやるとは……。

前著『白金猿』のための鼎談は、2017年の9月から11月にかけて3回にわたって行われた。そこで私たちは「2020年問題」という仮命題を立てて、ポスト安倍政権への対抗軸は何か、出口をどこに見いだすのか、などについて率直に意見を交換しあった。あの時点で「2020年問題」と私たちが仮に設定した予想シナリオは以下のようなものだった。〈2020年の東京オリンピックをはさんだ形で、安倍政権が長期政権として存続し、かつ独裁化し、その間、宿願の憲法改正や象徴天皇制の改編、戦後最長不倒政権の記録達成という一連のおぞましいことどもが出来（しゅったい）する事態〉。

今、考えてみれば、この予想は半分以上は当たっていたが、はずれた点もある。戦後最長政権どころか、明治以降の憲政史上最長の記録にまでなり果てたこと。一方、予期できなかったことは、新型コロナウイルス感染症の世界的流行が起き、それによって東京オリンピックが1年延期となったこと。コロナ対応で厳しい国民からの批判を浴びた安倍氏が、病気を理由に突然政権から去ったものの、安倍政権の〝番頭〟菅義偉氏が政権を引き継ぐこととなったこと。象徴天皇制のゆくえの方は、天皇自らの「退位表明」というかつてない形で代が変わったこと。菅政権は、長期化した安倍政権と同様の独裁的体質を露わにしている。新型コロナウイルス対策は、安倍・菅両政権を通して、拙劣な対応に終始して、国民生活は大いに混乱をきたしている。今、菅政権は、国民の反対の声を押しつぶす形で、東京オリンピック、パラリンピック開催を強行しようとしている。

そんな中で今回、『白金猿(はっきんざる)Ⅱ』の発刊を見据え、2021年の2月から3月にかけて、4回の鼎談が組まれた。3回はオンラインによるリモート対話、1回は実際に一堂に会して鼎談に臨んだ。話は、安倍政権から菅政権への継承の内実、トランプ大統領の退場とその後の日米関係から、東京オリンピック、パラリンピック開催の可否、そして、新型コロナウイルス・パンデミックによって何が可視化されたのか、まで多岐に及んだ。

今回も参加した3人は、できる限り率直に語り合うことに力を注いだつもりである。読者の皆さんと「共に進むこと」が、私たち3人の願いだ。――世界は変わらなければならない。

(2021年6月　ミサイル装備が搬入された沖縄・宮古島の自衛隊保良駐屯地にて)

金平　茂紀

白金猿II——コロナ禍で可視化されたこの国の深層◉もくじ

本書は、2021年2月22日、3月1日、同10日、23日に4回にわたって行われた鼎談を、整理・補筆して収録したものです。進行役は、猿田佐世さんに兼ねていただき、「まえがき」は金平茂紀さん、「あとがき」は白井聡さんに担当していただきました。（編集部）

第1章

安倍・菅継承劇から見えてくるおぞましさ

猿田　お久しぶりです。本日の鼎談では日本の政治の「今日(こんにち)」を過去にも触れながらお話しできればと思います。まずは安倍首相の辞任あたりから議論し、なぜそのようなことが起きたのか、その分析から入って、過去に遡っていきたいと思います。

1. 安倍首相の逃亡劇は何を示したか

金平　安倍政権は長期政権として、2020年9月まで最長不倒記録を達成しました。しかし安倍首相の退陣は、僕らが倒したわけではなく、彼の方から放り出したと言った方がいいと思います。これは、第一次安倍政権のときの政権放り出しと同じことをやったということです。病気を理由にして彼は退陣したわけですから、「やむをえない、よくがんばったね」というのが市民レベルの感情になっていきました。僕は報道をしながら、「待てよ」と、こんな形で逃していいのかと、すごく不信感を持っていました。僕らメディアで働いている人間の中では、どうも安倍首相の体調が良くないようだという病状情報が、表でも裏でも流れてきていたのです。これは明らかに何らかの意図があって流されたもので、診療先の病院の前にもカメラをズラッと配置して報道し、それで「コロナ禍のなかで大変でしょう」といった同情論が自然と醸成されていったのです。

つまり安倍首相は、コロナ対策でもオリンピック対応でも、何をやってもうまくいかずにモチベーションが保てなくなり、やる気をなくしてしまったのです。当時の2020年6月ぐらいの状況を考えて見ると、ちょうど「アベノマスク」を配り終わったのですが、散々な不評にあい、シンガーソングライターの星野源さんへの便乗コラボがネット上で袋叩きにあったりして、支持率もどんどん低下していました。それらが、この人特有の放り出し癖に輪をかけ、自信をなくして逃げたのだと僕は思っているのです。

にもかかわらず、安倍首相は何ら検証されることなくいわば無罪放免となったのです。その後日本のメディアのほとんどが、次のレースを必死になって追っかけたわけですが、その前の段階では安倍首相が放り出す兆候を情報として得た菅義偉官房長官が、自民党の長老二階俊博幹事長と取引をして、民衆や市民の動きとは全く関係のないまま話をつけてしまったわけです。あとは見せかけだけの選挙戦が行われて、安倍首相の番頭のような、本来なるべきではない人間が、官邸クーデターのような形で、首相を引き継ぐことになりました。

白井　金平さんは、安倍首相は倒されたというよりも、逃亡したという方が正確な形容なのではないかとおっしゃいました。その通りだと思います。それをメディアが検証しなかったというご指摘ですが、安倍政権発足以来のメディアの在り方からすればそこに驚くべきものは何もないと思います。金平さんの「報道特集」のような少数の例外を除いて、テレビ事業者はもうだいぶ前から報道分野から実質的に撤退しているわけです。そのことが今次も裏書されたにすぎないと思います。正直なところ、もう既製メディア批判をするのにも疲れましたね。いくら批判しても全くよくなりませんから、一日も早く滅びてくれるのを祈るのみです。

われわれとしては、空疎を極めたメディア報道の背面で行われていた権力闘争の実相をよく見る必要があると思います。

ではどういう状況で辞めたのかと言いますと、本人は6月くらいにはもう、辞めたくて仕方ないという感じになってきたので、7月になって情報操作を仕掛けてきました。週刊誌などで随分体調が悪いという話が報道されて、次第に公の場に出てこなくなってしまいました。そして8月に入って、最初は甘利明氏が「体調が悪いらしいので休んでくれと言っているんですが、休んでくれません」とテレビで発言し、その日の夜に麻生太郎氏が「あれほど一所懸命働いているのだから、体調不良が起きても当然じゃないか」と言う。安倍氏は慶應病院で長時間の検査を受け、その1週間後にもう一度検査入院しましたが、そのときには事前に報道機関にリークされ、病院に車列が入って行く様子を、カメラを並べて撮らせたわけです。これは政治の常識からすればありえないことで、独裁国でも民主国でも国のトップの健康状態はトップシークレットであって、体調不良が起きたときには秘密に検査や治療をするのが常識です。それを、わざわざ体調不良をアピールした上で、辞めていったわけです。

なぜこんなことになったのかというと、コロナをめぐる客観的な情勢からして、追い詰められていたからです。「アベノマスク」は大ひんしゅくを買い、星野源さんとのコラボは大失敗ということで、国民の安倍に対する感情はささくれだって悪化の一途をたどり、いい加減にしろという感じになってきました。ご本人は、主観的にはコロナ対策を懸命にやっているつもりだったのかもしれませんが、何をやってもうまくいかないわけです。

一方で様々なスキャンダルがありました。とりわけ大きいのが河井夫妻選挙違反事件で、昨年6月には東京地方検察庁特別捜査部により逮捕されたことです。これがいつまでもくすぶっていて決着がつかないと、国民感情次第では検察の側に勢いがついてしまう、ということになりかねない状況でした。前段として大きかったのが、昨年2月から始まった黒川弘務検事長をめぐる事件で、官邸の守護神を検察のトップにつけようとしたが民意によって断念させられました。そして5月からは検察庁法改正案に抗議が広がって断念。こうなると安倍氏はどう安全に辞めるかが問題になってきました。その時に重要なのは国民感情であり、「安倍さんにはもううんざり」という世論が高まると、後継者選びでは、石破茂氏をはじめ、その国民感情に乗っかって安倍さんを追い詰めていくということになりかねない。だから、どうにかして国民感情によって追い出されたのだという形をとらずして辞める、という演出をすることが必要だったわけです。そこで体調不良という話になり、辞意表明をした記者会見では、これは政治技術的にみて見事なものだったと思いますが、国民の感情をあの数十分間で転換することに成功しました。「もうごめんだ」という感じになっていたのを、「長年難病を抱えながら激務に耐えてがんばってくれたのですね、お疲れ様でした」という方向へと転換させることに成功したのです。

その演出の片棒を担いだ、というか主体となったのはメディアでした。あの退陣にはいろいろな意味づけが可能だったはずですが、結局のところメディアは、お疲れ様でしたという安倍官邸がつくったストーリーをそのまま取り込んで辞任の花道を作った。トップレベルでどんな談合が行われたかは知りませんが、国民の安倍に対する嫌悪感や反感を取り除くということに成功したわけです。

そしてもう一つ大事だったのが、後継者に安全な人物、つまり自分の身を脅かすことのない人物を選ぶことでした。そこで最初、岸田文雄氏を持ち出そうとしたのですが、党内党外的にもどうもいまいち人気がない。ということで、次善の策として菅義偉氏だということになったのではないでしょうか。ですから、菅さんの任務は安倍政権の継承ということになりますから、そこで成立する政権の本質的な性格は、安倍抜きの安倍政権ということにしかならないわけです。ただし、そこには重大な問題があるのですが、それについては追々話していくとして、少なくとも表層的にはそう進んだのです。

金平　先ほど言った政権を放り出したということについては既視感があります。第一次安倍政権のときと精神病理学的に見ても近いという感じですね。彼の指導者としての資質の幼児性というのでしょうか、「僕、嫌だよ、もう」といった感じで、周りにお目付役や家庭教師役がたくさんいたにもかかわらず、それを振り切って放り出してしまった、というのが事実だと思います。僕が取材した限りでは、２０２０年の6月の段階で、今日初めて言いますけれども、ある外交官が、安倍首相の辞任を既定のことがらとして、すでに動いていたのです。

猿田　なぜ外交官だったのですか？

金平　個人的に仲がいいのです。彼があるところでぽろっと漏らしたのですが、「安倍さんはもうやる気をなくしていて、来年はもう総理をやっていないでしょう」と言ったのです。奥さんの昭恵さんは勝手に動き回っているし、誰にも相談する人がいなくて、そうなるともう止められなくなったのです。その動きを最初に察知したのが、情報収集の官邸ポリスを仕切っていた杉田和博官房副長官といった人たちで、その元締めは菅官房長官です。それで菅氏は、何を勘違いしたのか、ひょっとしたらトップになれてしまうのではないかと考えたのでしょう、自民党内の長老である二階氏と頻繁に相談して、総理になる計画を着々と立てていたわけです。岸田氏とか石破氏という人たちは傍に置かれ、国民や有権者不在の権力闘争で、なかには「詐病」が同情を集めたという人さえいます。今はもうすごく元気ですし、やる気をなくしちゃったから辞めるというのでは、総理としての資質がもともとないわけです。

白井　主治医の記者会見もないですし、前回と同じく、診断書も公表されていません。ですから、客観的事実からすれば、安倍さんが潰瘍性大腸炎を患っているというのは、本人がそうおっしゃっているという以上でも以下でもないです。

金平　安倍氏が辞意を表明した第一報は、ＮＨＫの8月28日午後2時7分のニュース速報で、あの岩田明子記者が、「安倍首相が辞意を固めました、病状の悪化のためで、これ以上迷惑をかけたくないからです」と首相の胸の内を代弁していましたが、「何だ、これ」って僕は思いましたね。そして彼が投げ出した瞬間に「次は誰か」とメディアが踊り、出来レースのような形で、一応候補を立て、結果が分かっている擬似的な総裁選をやったのです。パンケーキおじさんだとか、集団就職で出てきたとか、日本の古い浪花節みたいな価値観を振りまき、メディアはそのイメージ作戦に踊らされて、菅政権が誕生したのです。その結果、安倍氏の責任を糾す人が誰もいなくなり、森友・加計学園問題や桜を見る会問題を含めて、この8年間の功罪を問うという作業がすっ飛んでしまいました。僕は、それが今度の政権継承の一番犯罪的なところだと思っています。権力闘争があって新しい政権が生まれた時に、前の人間たちがやったことを検証し、功罪をきちんと明らかにするという作業は、本来は必須のものだと思うのです。

もちろん、政権交代が外的な要因から来てしまった場合は、どうしようもないということはあり得ます。例えば8・15以前のポツダム宣言受諾とか、3・11の震災・原発事故とかがそうですが、到底抗えない外からの大きな力が働いて、有権者の力ではどうしようもない中で交代せざるを得ない場合です。今度のコロナもそうですが、僕は、コロナがなかったら、トランプ政権も安倍政権も続いていたのではないかと思っています。安倍氏がやる気をなくすきっかけというのは、コロナの対処の仕方について、厚労省の意見によって御用学者が集められた専門家会議が専門性を失う中で、PCR検査もまともにやらずにずるずるきてしまったことです。それで、Go To

みたいなバカなことをやり、コロナ対策もうまくいかない、経済もうまくいかない、ということになったわけです。これら一連の事態を見て、正直言ってがっかりしましたよ、民主主義の成熟度が露骨に現れたのですから。そんなことを言っても、僕らメディアの方にもすぐ跳ね返ってくる話なのですけれどもね。

白井　まあ、私はがっかりも驚きもしないのですが。日本の現在がこんなものでしかないということは、いままでさんざん見せつけられてきましたから。

では、こうなってしまったのはなぜか、戦後史あるいは平成の歴史というロングスパンで考えてみるべきだと思います。こうした腐敗したひどい政権がいつまでも続いたのは、表層的には、取って代わる勢力や人物がいないから、ということです。政権後期になるにつれて、「安倍一強体制」という言葉がメディアでも使われるようになりますが、これは自民党内でも取って代わる勢力が押さえつけられてしまい、野党も無力だからとって代わる見込みがない、という構造ができてきたからで、それが一強体制の理由です。

ここで大切なのは「体制」という言葉が使われていることで、「体制」と「政権」は違うわけです。政権というのは、誰それの政権と固有名で語られるものですが、体制・レジームというのは、幕藩体制とか共産主義体制など確立された権力の構造を示しますから、たとえトップが何らかの形で入れ替わっても構造的には何も変わらずに、基本的に保たれ続けるわけです。ですから、安倍政権は超長期化するにしたがって、単なる長い政権ではなく体制になっていったと、ほとんど無意識的に感じられるようになったわけです。そうしたことを考えていたら、上智大学の中野晃一先生が、ちょうど安倍退陣のときに「時事通信」の論説の中で「２０１２年体制」という言葉を使いました。要するに、腐敗していても長く保ってしまうのは、それが体制になっているからだということです。２０１２年というのは、年末の総選挙で安倍自民党が勝って、第二次安倍政権が成立しましたが、その時点を指して言っているわけです。私は、これは説得力のある論だと思っているのです。

２０１２年体制というのは明らかに、与党自民党と野党社会党が議席の大半を占めていた「55年体制」を意識した言葉づかいです。戦後史を考えたときに、平成時代に何が課題とされたかを思い起こす必要がある。55年体制が、細川政権ができることによって途絶しました。その前に小沢一郎氏が自民党を飛び出しましたが、その時に掲げられたのが「政治改革」でした。その改革の中身は何かというと、政権交代可能な二大政党制を確立しなければならない、ということです。そして、いろいろ紆余曲折がありましたが２００９年に民主党政権が成立し、一応それが確立したかに見えたのですが、民主党政権はあっという間に初期の志を見失い、菅政権、野田政権ともに実質的には自民党政権と変わらなくなっていきます。であるならば、最初から自民党がやればよかったのではないかということで、第二次安倍政権成立ということになったわけです。そう考えると、課題とされていた政権交代可能な二大政党制というのはついに成立しなかった、というのが平成の歴史だったということになります。言い換えれば、「ポスト55年体制」はできなかったということであり、さらに言い方を変えれば２０１２年体制すなわち安倍一強体制は事実上のポスト55年体制であった。それが私たちの目の前で展開されている真実ではないかと思います。

もう少し戦後史全般のスパンで考えれば、これは『国体論――菊と星条旗』（集英社新書）という本の中で展開してきた話ですが、戦後はおおよそ3つに区分できるのではないか、と言えます。最初は、米軍の占領に始まり、ここで強制的に対米従属の構造がつくられたのですが、強制された体制が、いろいろな軋轢がありながらもむしろ好んで選ばれるようになりました。それによって戦後の復興は高度経済成長へと繋がっていくことができました。そして、対米従属でやっていくしかないという状況が完全に固まっていくのがおよそ１９７０年でした。その間、日本は「経済大国」になり、アメリカに従属しているのだという自覚が一旦見失われてしまう時期が１９７０年代から80年代に訪れます。“Japan As Number One”だというわけで、「アメリカなにするものぞ」という感じになりました。状況が根本的に変化するのは、１９９０年前後にグローバルな東西対立が終わったことによります。それによりアメリカが日本を庇護する具体的な理由がなくなり、日本も対米従属を続ける根本理由がなくなったはずでした。ところが、対米従属が見直されたかといえば、むしろ逆に対米従属が強化され、永久化されるというのが１９９０年代以降であり、これが平成時代とまるごと重なるわけです。そういう不合理なことが続いたのですから、「失われた30年」と言われるのも当然でした。そして、今はその最終段階を迎えているのです。

つまり私は、アメリカが日本にとっての戦前の天皇のような位置づけになっている国の形を「戦後の国体」と呼んできましたが、いまの日本はその崩壊の最終ステージに差し掛かっていると見ているのです。明治維新から太平洋戦争の敗戦までが77年ですが、今年で戦後76年目を迎えて、同じ長さになってきました。そう考えると、安倍退陣は東條英機がサイパン陥落で退陣に追い込まれたことと重なります。東條英機のあとは小磯国昭が総理大臣職を引き継ぎ、戦争をできるだけうまく終わらせることが期待されたのでしたが、結局何もできずに退陣します。いまの新型コロナはサイパン陥落のようなもので、菅義偉首相は小磯国昭と同様に、結局何もできないまま追い込まれて、どうしようもなくなって投げ出すのではないでしょうか。小磯の次は鈴木貫太郎でしたが、これでようやく戦争からの脱出が現実的な課題として設定されて、ポツダム宣言の受諾に至るわけです。今はそのような状況にあると、私は見ています。

猿田　今お話しされたように、白井さんはご著書『国体論』で、「戦前は天皇が日本の『国体』であったが、戦後はアメリカが『国体』となった」と打ち出しておられますが、今、そのアメリカが、大いに揺れています。一見、トランプという変わった大統領によって国が揺さぶられたようにもみえますが、あのような大統領が出てくること自体が国が揺れていることの現れなのです。日本は、好むと好まざるを問わず、アメリカがどうなるかによって大きな影響を受ける国です。トランプ大統領は、「米軍駐留経費は受け入れ国が全部払え」「でなけりゃ日本から米軍基地を撤退させるぞ」などと言いだしました。また、これまで米軍は誰にも手をつけられない神聖なものでしたが、金正恩氏との交渉の中でいきなり米韓軍事演習は中止などの決定もしてしまいました。これらのトランプ氏の発言に対して、日本の方が焦り、「今のまま米軍基地は置いてください」「軍事演習も続けてください」と懇願しました。

また、バイデン政権となった今では「核兵器の先制不使用政策」をバイデン氏が宣言するかもしれないと言われる中、日本は、オバマ政権時代以降、「私たち日本はアメリカの核の傘に守られているのですから、核の先制不使用など宣言しないでください」とアメリカに迫ってきた。つまり日本の方からアメリカに対して、自ら期待する「国体」を崩さないでくれと猛烈に働きかけています。私は「自発的対米従属」と言ってきましたが、現在の、ことアジアの情勢に関しては、日本政府が思い込んでいる信仰のような現状（ステータス・クオ）に、アメリカさえも従わせてしまおうという状況になっている気がします。

金平　さっき白井さんは「2012年体制」ということを言いましたが、補足的に言うと、民主党政権の自壊ということ以前に、大きな力が働いたのは3・11だと思います。民主党政権の菅直人首相の時に原発事故が起こり、メディアはその対応をめぐってみんなで菅氏を引き摺り下ろそうとしましたよ。あの3・11の時に安倍氏とか菅偉義氏が首相をやっていたら、もっとひどいことになっていたでしょうがね。だけど、そういうことはみんな絶対に言いません。以来、「悪夢のような民主党政権の時代」という言葉が刷り込まれ、「あの時代には戻りたくない」と、若い人に至るまでトラウマになっています。だけど僕は、それは3・11の傷跡だと思っているのです。そもそも原発事故は民主党政権のせいで起きたのではなく、不可抗力としての大地震と成長至上主義の落とし子でした。そしてその後の3・11の復興は、きわめて不十分にしかなされていません。

猿田 民主党政権が本当にひどかったのかそうでもなかったのかということとは関係ないレベルで、民主党政権の崩壊によるトラウマは、現在、野党がオルタナティブな具体的政策を力強く提唱することの妨げになっています。これは、本当に嘆かわしい事実ですね。

2. オリンピックを政治や金儲けの思惑に使ってはならない

猿田 3・11の被災者にきちんと手も差し伸べずに、いままたコロナ感染も抑えられず、二重の意味でそれどころではないのに、東京オリンピックでは聖火リレーが始まり、なし崩し的にオリンピックを始めるための美談も用意されています。

金平 先週、オリンピック開催に抗議してデモが行われましたが、各社各局の社会部のニュースの扱いなど、国策に逆らう非国民というような感じがその報道ぶりに漂っていました。

猿田 世論調査の結果を見ても明らかなように、オリンピックなどやれないのではないかと誰もが思っているのに、上が決めたことについて何かモノを言うことは自重する、そんな空気がますます強まっています。

金平　誰もが思っているというのは早すぎますよ。そう主体的に言っているのは猿田さんなどごく一部で、周りの空気を見ていると、メディアを含めて、できればやってほしいですという人が潜在的にはかなりの多数です。残念ながら、バイデン大統領の言い方を借りれば、科学的な判断によってオリンピックの開催如何を決めるということは、日本の内側からは出てきませんよ。オリンピックがもしやれなくなるとすれば、それは海外から、参加したくないとか選手団が構成できませんという表明がなされる時です。今のインドやブラジル、フランスやアフリカからどうやって代表を出すのですか。そうなった時には、「私たちはやろうと努力していたのに残念だけどできませんでした」という撤退の仕方に持っていくのだと思います。

猿田　だからこそ、女性蔑視発言で退任した東京五輪・パラリンピック組織委員会の森喜朗会長の後釜に、女性ということで橋本聖子氏を据えたりして、なんとか話を収めようとしてきたのですね。

金平　僕らは、この鼎談を次の世代へ繋いでいくための出口を探したいと思うから、意見を交わしているのですよね。僕にはコロナを機に抗い難い力で変わっていくのだろうという思いがあるのですが、それが必ずしもあって欲しい方向にいかずに、もっと大きな虚構に絡め取られることも考えておかなければなりません。3・11の時につくられた「絆」といった妙な美談とか、安倍晋三氏が大好きだった「美しい日本」とか、そういうものに収斂されていく恐れもあります。安倍氏は、「東日本大震災と『フクシマに』勝った証としてのオリンピック」ということを言いましたが、菅氏は「人類がコロナに打ち勝った証としてのオリンピック」みたいなことを言っています。しかし、アスリート本人も含めて、こんな時期にやっていいいんだろうかと多くの人が心配していると思います。残酷な話ですが、みんなあまり口に出さないだけで、スポーツってそんなに綺麗なものではないですよ。

白井 全くそうだと思います。興業ですから。

金平 まあ、極論になりますが、そもそもスポーツの起源のひとつは、殺し合いとか殴り合いなど、人を征服するために勝ち負けを競うという、「フェア」とは対極のところから始まったわけです。もちろん近現代のアスリート一人一人は真剣に競技をしているのでしょうが、スポーツマンは清い人で、健全な身体に健全な精神が宿るとかいうのは、スポーツ界の上前をはねる者たちの宣伝文句です。オリンピックはそういうある種の虚構の上に行われてきましたが、いま喧伝されている東京オリンピックは、国民統合の掛け声であり経済のカンフル剤みたいな役割が期待されています。1964年の東京オリンピックでは、チャスラフスカやヘーシンクなど海外にこんな素晴らしい選手がいるのかとか、バレーボールで「東洋の魔女」(日本女子チームの愛称)がソ連に勝ったんだとか、みんなスポーツの魔力に取り憑かれました。正直、僕も子どもの頃そうでした。そういう力にすがりたいという感覚は未だに為政者たちに残っています。IOCなどは巨大な利権と結びついていますから、オリンピック精神というもの自体あまり信用できないのであり、このコロナの時代にそういう思惑で開催してはいけないのだと、僕は思います。

おそらく、海外の観客を入れなくても日本だけで開催し、日本のメディアもそれを盛り上げていくでしょう。不完全な形かもしれないけどやり遂げたんだ、これでコロナに打ち勝っていくのだと、また神話をつくり上げていくのだと思います。だけど、こんなままで本当にやっていいのかということについては、これからもギリギリまで声をあげていかないとダメだと思います。

白井　開催となっても、派遣できない国も出てくるでしょうし、何カ国が出られるのでしょうか。私は、オリンピックの開催いかんはアメリカ次第だと思っています。アメリカが選手団の派遣を中止して、アメリカのテレビ局がこれは無理だから放映しませんとなったら、IOCもやめざるをえないでしょう。このオリンピックの開催問題は、太平洋戦争末期とそっくりで、これ以上戦争は続けられないと分かっていながら誰もそれを口にできない。その守らなければならない一線が「国体護持」だったわけです。昔と今の違いは、御聖断を下す人がいないということに尽きます。かつては、御聖断を下すのは最終的には天皇でしたが、その天皇が実質的にいなくなったこの国では誰が下してくれるのかというと、アメリカなのです。私がずっと主張してきたことは、御聖断の主体は今やアメリカであるということですが、それがこうした形で証明されつつあるのです。

金平　白井さんの言う永続敗戦レジームがまだ続いているということだと思いますが、そのアメリカもどうでしょうか。アメリカのどんな決定であれ、おそらく日本は自発的に服従していくでしょうが、いま安全保障の概念装置自体が揺らいでいるコロナ時代に、果たしてどう出るかは不透明感があります。

白井　ですから、永続敗戦レジーム下の腐ったゲームを、いつまで日本人が演じ続けるのかという問題なのです。自国のことを自ら決めることから、上も下も延々と逃避し続けてきたわけです。そこに気付いて、その体制から脱却できるかどうかが、言うなれば根本的なパラダイムチェンジということになるわけです。コロナがそのきっかけになるかどうかは分かりませんが、今のところそうした気配は見えていません。これで、仮にオリンピックが中止というところまで追い込まれた時、それがどのくらい見えてくるのかということなのでしょうが。

猿田　安倍氏が首相を辞めた時もそうでしたが、オリンピックを中止することになっても、すごくがんばってたのにと、日本は悲劇のヒーローだといった演出をするでしょうね。日本政府の政策が失敗したからコロナが収まらず、オリンピックもできなかったなどとは、決して認めないでしょう。

白井　最悪のパターンを考えると、東京オリンピックが中止に追い込まれると、次は北京なのです。中国は何としてでも北京オリンピックを開催するとしていますが、米中対立のなかで人権問題がありますから、アメリカはボイコットするのではないかという観測も流れています。現に、国務省高官がボイコットの可能性について言及しました。仮にボイコットをしたらどうなるか、日本はこれに追随するのか、中国ともそれなりに付き合っていこうとするのか、微妙な問題が出てきます。永田町で二つの勢力が拮抗すると、ポイントは世論ということになりますが、日本はオリンピックができなかったのに中国は開催できるという現実に耐えられない人が大量に出てくるでしょう。その人たちは、ここはアメリカの決断を断然支持して参加すべきではないのではないかという気分になり、米日対中国の緊迫感が一気にアップします。そうなったら戦争になりかねないという最悪のケースまで考えるべきです。

なぜ北京オリンピックが開催されることに日本人が耐えられないのかと言うと、『永続敗戦論』で述べてきたように、日本はアメリカのアジアにおける一番目の子分になることによって、名誉白人的な地位を手に入れ、戦前からのアジア諸国への蔑視の視線をキープすることができました。戦後日本のナショナルアイデンティティは、結局そこにあるのです。今回のコロナ対応では、日本は東アジアにおける劣等生だということが明らかになってしまいました。台湾でも韓国でも、日本より有能な政府が感染を抑えこみ、中国は感染源であると同時に、内部的にはいろいろあるにしても、オリンピックをできるまでに封じ込めている。この現実に耐えられないでしょう。

金平　面白いシナリオだと思いますが、現実的には、東京オリンピックは、海外からの客を止めてでも粛々と行われることになるのではないでしょうか。不完全な形でもやることに意味があるのだと自己目的化し、メンツを保とうとするに違いありません。それで、次は北京だという話になった時に、その頃は世界の感染状況もだいぶ状況が良くなっていて、アメリカのバイデン政権は、人権問題はあるにしても、中国と事を構えるだけの決断をしてボイコットを言い出す可能性は少ないと思います。

オリンピックの歴史でいうと、アメリカがボイコットをしたのはモスクワ・オリンピックです。ソ連が1979年にアフガニスタンに侵攻したからです。しかし、その後どうなったかというと、今度はアメリカがアフガンのムジャヒディーンを支援し、そこから9・11の同時多発テロに繋がったんじゃないですか。ソ連のアフガン侵攻の時に、アメリカが支援したムジャヒディーンの流れから出たオサマ・ビンラディンらに、今度は自分たちがやられたのです。そういう歴史のダイナミズムを考えた時に、日本の対中感情の悪化はあるにしても、ボイコットするという決断はできないと思います。オリンピックというものが、政治的な機能を無視できず、片方で商業主義が極限までいってしまっている状況を考えれば、走り出したら止まらないのが現実ではないでしょうか。

白井　そう考えると、すごくシビアな話ですよ。日本における対中感情が極限的に悪化して戦争の危機さえリアルになりかねないという選択よりも、東京オリンピックは形式的にせよ開催した方がましだというのが究極の選択みたいなことになります。うんこ味のカレーかカレー味のうんこか、みたいな話ですよね（笑）。

金平　それはオリンピックが、何がなんでもやらないといけない国策だからです。日本では、国策として一旦決まってしまうと、それに逆らう人間は異分子だとか非国民扱いされてしまうという歴史がいまだに続いているのです。

3. 戦後の道義・アイデンティティの崩壊と日本学術会議問題

金平　日本は二つの異なった政治体制の懸け橋になれる、といった言い方がなされますが、日本がアメリカと中国の間に立つということは、自らのアイデンティティが確固としたものとして存在しているかどうかに関わります。戦争の加害責任とか、沖縄に矛盾を集中させている問題を考えると、自分たちが背負ってきた歴史や経験を教訓として活かしていく生き方にはなってないのではないでしょうか。モラルとか道義といった、国民であることを統合する何らかのスピリチュアルなものって、すごく大事です。アメリカにしても、多人種・多民族国家で、いろいろな人がそれぞれのバックグラウンドを背負って生きていますが、それを統合する精神的支柱、建国精神のようなものはあるわけでしょ。そういうルールみたいものがなかったら、寄せ集めの群れになってしまいます。いま起きていることはみんな、そういうことに収斂するような気がします。

あまりこういう言葉は使いたくないのですが、モラルや道義の崩壊と言ってもいいです。すごく抽象的な言い方ですが、道義なき共同体というものは存続し得ないのではないかと思うんですよ。僕は「道義」という古臭い言葉は嫌いなのですが、日本人には道義を尊重する時代がかつてあったと思います。例えば、困っている人は助ける、富める者は貧しい者に手を差し伸べる、入会地など共同で何かをする、といったことです。それが今は、戦後の経済成長によって刷り込まれた、金儲けによって日本は成り立ってきたのだという考え方に変わりました。日本ってもともとはそうではなかったのに、道義が裏切られてきたという歴史の延長上に今の僕らがいるのです。安倍政権下では、そのモラルや道義の崩壊はとくに酷かったです。縁故主義が幅を利かし、逆らう官僚は飛ばすとか、公文書を改竄するとか、中世のような世の中になっていました。

その道義の根本をどこに求めていたのかを考えてみると、戦後すぐの時代は憲法でした。国民主権とか、国民の権利の保障など、過去の間違いを反省し、それを暮らしの中で役立てようとしてきました。今の人はそんなことは忘れて、憲法は空気のような存在になってしまいました。

この頃になって三島由紀夫の再ブームが起きていますが、彼の有名な文章があります。「果たし得ていない約束」という題の文章で、「このまま行ったら……日本はなくなって、その代りに、無機的な、空っぽな、ニュートラルな、中間色の、富裕な、抜け目のない、或る経済的大国が極東の一角に残るであろう」と、死ぬ少し前に「産経新聞」に書いています。僕は国家観や天皇観など思想的には三島由紀夫とは対極にありますが、道義とかモラルに対する拘り方には、目を見張るものがあります。彼が言う、戦後のイカサマな虚構に対する問い直し発言には、いまだに共感に近いものを覚えます。日本の歴史の中で、第一次、第二次安保世代が提起したのは、実はそういうモラルや道義に関わる問題で、それを国民も応援したのだと思います。

例えば、東大全学共闘会議代表の山本義隆氏の書いたものをいま見直してみると、今日の学術会議の問題にもつながるものがあります。当時、日本物理学会に米軍の研究資金が流れ込んで、社会的に大騒ぎになり、朝日新聞なども一面トップで報道していました。山本義隆氏は、研究者のあり方を問い直し、学問の自由は誰のために、何のために保障されており、その成果はどのように使われなければならないかを問い直しています。僕は実は先日、日本学術会議の小規模なシンポジウムでその話をし、こうした本質的なことを問い直す契機にしようではありませんか、と訴えました。

安倍政権の話でいうと、「美しい国日本」といった戦前賛美のようなスローガンを掲げましたが、まともな保守思想の持ち主であれば、もっと骨のある名言が残ったと思いますが、彼が去ってしまえば何にも残らないではないですか。その長期政権の、力だけを信奉している菅義偉という人物は、安倍政権のお庭番の官房長官で、情報収集の旨みによって気に入らない人間を排除し、その延長線上で政権にありついたわけでしょ。これは、一強体制というレジームの最後の段階に来ているという白井さんの指摘の通りで、その先のビジョンは見えてきません。

猿田　白井さんに伺いたいんですが、昭和の時代、というか、「55年体制の時代」は、外交でも経済でも右と左が対立しながら方向を決めていくという形で、言いようによっては、選択肢が一応ありました。しかし基本的には自民党的なものだけが強くなって生き残り、平成ではそれを変えようとした動きがありましたが、結局変えることはできませんでした。令和の「ポスト55年体制」というのは、55年体制の自民党的なものだけが残されたという整理の仕方でいいのでしょうか。

白井 その整理の仕方は半分あたっていて半分あたっていないと思います。というのは、55年体制下の自民党の主流は、吉田茂系の保守本流と田中角栄系の利権分配を柱とする日本型社民主義でした。国家主義イデオロギー色の強い岸信介系は傍流だった。しかし、小泉政権以降、保守と傍流は入れ替わりましたよね。主流になった岸系（清和会）は、経済的には新自由主義、外交防衛は矮小なタカ派。矮小だというのは、威勢の良いことを言うわりには、自立性を高める志向がそもそもないからです。そうした意味で、「自民党的なものだけが残った」といっても、その中身は変質したと思うのです。

ただ、平成期を大局的に見れば、保守二大政党制が成立しなかったのは、結局のところ「保守」とは「親米保守」ですから、それは「自民党A」と「自民党B」による二大政党制にしかなりようがないのです。菅直人・野田佳彦政権というのがまさに「自民党B」による政権でしたね。であれば、もうひとつの保守政党など必要ないので、だから民主党は潰れたわけです。自民党だけあればよい。こうして権力の独占が現れました。

で、絶対的な権力は絶対的に腐敗するという法則通りに、それは腐敗しました。それを許容してきたのは社会や人間であり、日本社会、日本人全体の劣化の結果なのです。安倍個人が日本を悪くしたわけではないし、そんな力はありませんでした。それは結果として見るべきだと私はずっと思ってきました。安倍政権の一つ一つのスキャンダルや失政はつまらない小さなもののなのですが、それが積み重なって劣化が一層深刻になったのです。

猿田　そんなことが当たり前になっていますよね。

白井　これはモラルの崩壊であり、フランスの社会学者デュルケームが言った「アノミー」です。アメリカの場合、バイデン政権になればすごくいい国になるなんて多くの人は思っていないけれど、それでもトランプ政権は絶対にダメだという社会の反発の力が働いたからああいう選挙結果になったわけです。しかし日本は全くそうではありません。例えば、枝野幸男氏を首班にした政権ができたとしても、日本が一気に良くなるかと言えば、多分ならないと思いますよ。しかし、こんなとんでもない安倍・菅体制は誰でもいいから止めなければ、という反発が働かない世の中になってしまっているのです。なぜそうなったのかについては、いろいろな人が苦労しながら分析をしているところですが、日本社会の停滞なり腐った空気が、若年層において濃厚に出ているという実感はあります。

日本学術会議の問題に関する「毎日新聞」のアンケート調査がありますが、「問題だと思うか、それとも別に問題ないと思うか」という二者択一の問いの回答を年代層別に見てみると、高齢になればなるほど問題視する率が高く、若年層になればなるほど問題ではないと思っています。これは安倍・菅政権への年齢層における支持率の高さ・低さと全く軌を一にしています。問題は、教育を現に受けている世代がこの件をあまり問題視していないことであり、では彼らは自分たちが受けている教育をどう思っているのか。あんな形で学問に対する政治介入が続けば、教育の世界は忖度ヒラメばかりになってしまいます。あなたはどんな教師に学問を教わりたいのですか、ヒラメ忖度先生ばかりが教壇に立つ学校で教育を受けたいのですか、ということです。でも先のアンケート結果からすれば、自分が置かれている社会的環境や自分を取り巻いている人たちがどうあってほしいか、政治がそれにどういう影響を及ぼすのか、そういうことを多分何も考えたことがないのではないかと思います。「選挙で選ばれた総理大臣や政府に楯突くような学者を排除するなら、別にいいんじゃないですか」といった感覚なわけでしょ。

だからものを考える力が根底的に失われてきており、歴史に想いを致すこともできないということなのです。日本学術会議問題は、1933年に京都帝国大学で起きた思想弾圧事件である滝川事件との類比がなされますが、あのひどい時代の方が人間ははるかにまともでした。あの時、京大法学部の教授たちは軒並み辞表を叩きつけました。それで切り崩しにあいますが、何人もが筋を通して辞め、末川博をはじめとして多くの学者が立命館大学に移り、そこの法学部の基礎を作るわけです。では学生たちはどうだったのかといえば、退学届を出しながら、猛烈な抵抗が起きているわけです。

今回のことで、抗議の学生運動が起こった大学は1カ所もないと思います。そして、知識人の方はどうなのか。定員が決まっているのに6名を除外した任命全体が違法なのに、学術会議としては抗議しましたが、誰も辞めてないでしょ。この間政府の仕事から身を退いたのはたった一人、東京大学の先生が「今の政府のためには仕事をすることはできない」と専門委員を辞しただけです。学術会議の会員全員が辞表を出してもおかしくない事態なのに、そうしませんでした。この業界に私も20年くらいるので分かりますが、今の大学の先生はそんな感じですから、この教師にしてこの学生ありです。

金平さんもお嘆きになっていますが、私は距離を置いて見ているところがあって、これは行くところまで行くしかない、一度滅びるしかないと思っています。日本は、戦争で300万人が亡くなり、焼け野原になった経験をしていますが、なんとかそれよりはマシな形の崩壊であれば御の字だなくらいに思っているのです。

そう考えると、森喜朗氏の問題でも、私は森氏に続投してほしかったくらいです。今のオリンピックは、戦争で言えば国体護持で負け戦さを長引かせ、ものすごい規模で人が死んでいったのと比べたら、だいぶ罪は小さいのではないでしょうか。森氏の後任に誰がいいのかとなった時、ネトウヨお爺さんの川端三郎氏というのも素晴らしい案だったと思います。山口香さんの名前が上がりましたが、私は、山口香さんは大変優れた方であり、ここで使われるのはもったいないと思っていました。あのような方は、焼け野原になったときに国を再建するための人材としてとっておくべきで、ここで傷をつけてはいけません。結局は組織委員長は橋本聖子氏になって、玉突きで担当大臣は丸川珠代氏になりましたが、要するにこれは清和会内部の人事異動ですよ。これは腐りきったレジームに実にふさわしいやり方であり、こういう形で行くところまで行くしかないのだろう、そう思っています。

4. 若者の政治からの退却、そして「無社会世界観」

猿田 日本財団がやった18歳の若者に対する世論調査があります。日本、インド、韓国、ドイツ、イギリスなど9カ国で行われたものです。この中で、「自分は大人だと思う」「自分は責任がある社会の一員だと思う」「自分で国や社会を変えられると思う」「社会課題について家族や友人など周りの人と積極的に議論している」といったことを聞いているのですが、日本の肯定的回答は、泣きたくなるくらい低いのです（次ページの表）。他の国々と比べて圧倒的に低い。この数字を見ると、金平さん流に言えば「日本は破滅」です。自分で国や社会を変えられると思っている人が2割いないんです。自分が責任ある社会の一員だと思っている人も半分いない。この社会の何に自分は問題を感じていて、どうすればそれを変えていけるのか、そういう主権者意識を育てるために、教育を含めて何が必要なのか真剣に考えなければ、本当に日本はどうなってしまうのか。

白井 このデータが告げていることを一言で言えば、日本の若者は世界で一番無知蒙昧だという、恐ろしい数値を表しているということです。ただ大学で教えていると、そこから得る実感と離れたものではありません。長期的な低落傾向があって、そこからさらに落ちてきたのが5年くらい前かな、という感覚があります。

金平　大学の独立行政法人化と関係していると思いますね。大学で学問することは、授業に出

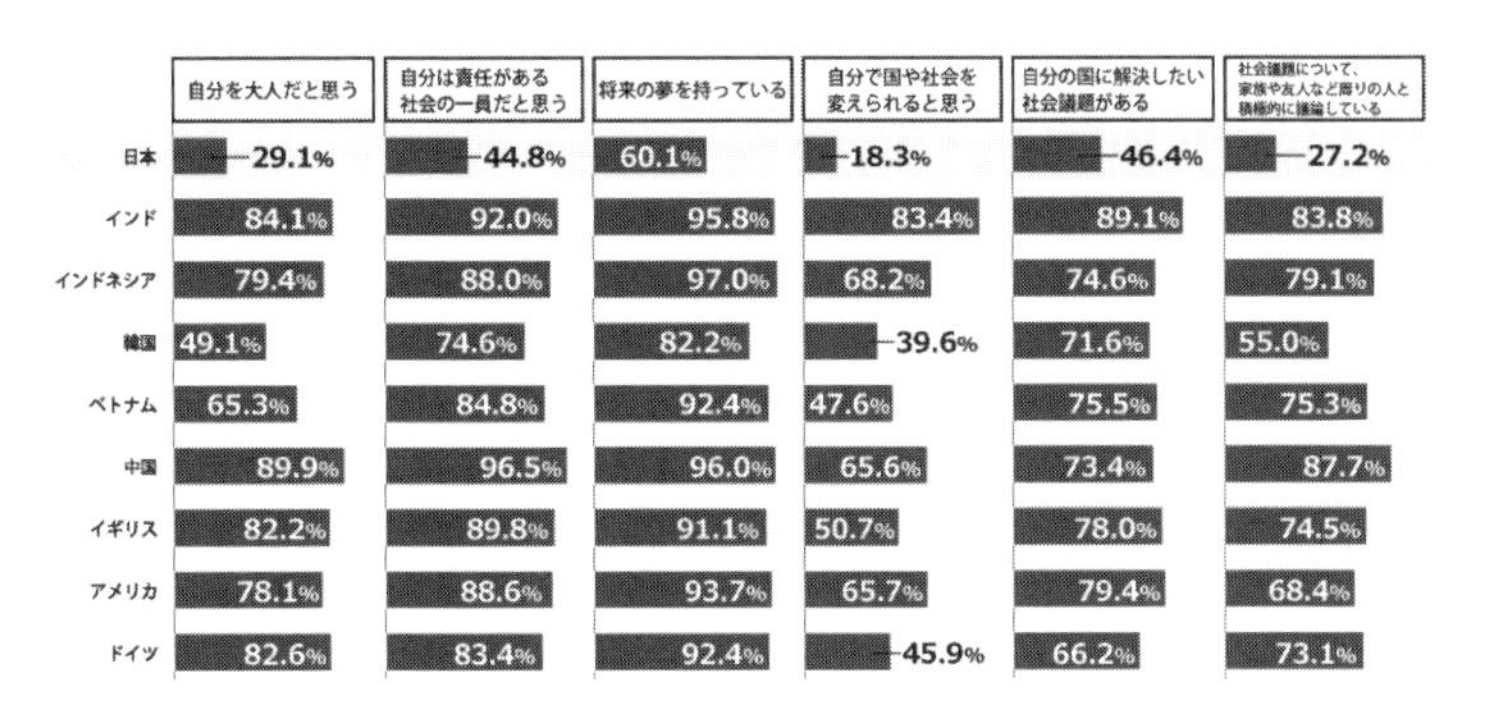

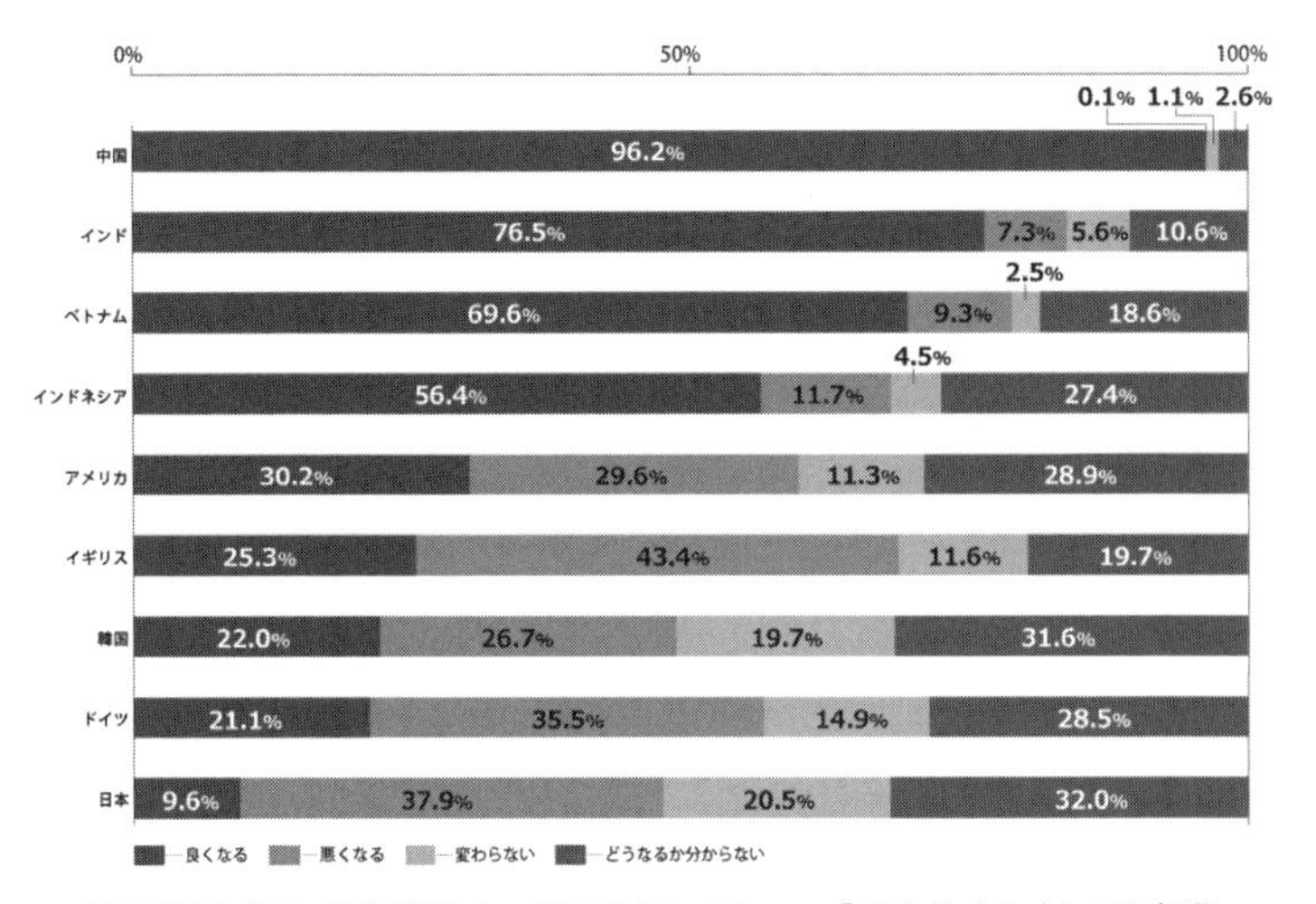

日本財団「18歳意識調査」第20回：テーマ「国や社会に対する意識」
(9カ国調査、2019年9月下旬から10月上旬、各国1,000人を対象)

るだけではなく、友達を作ったり、本を読んだり、音楽にのめり込んだり、いろいろなことをする場所だというのが、学生時代の記憶にあります。学問というものは、もっと奥が深く、一生続くものでしょ。知ることって本来楽しいことであり、エキサイティングな営みです。ところが、学問が辛い苦役に思えてしまうのは、それが何かを測る手段にされてしまっているからです。

僕はいまTBSという放送局で仕事をしていますが、テレビは滅びゆくメディアだというのが経営者の危機感になっています。若い人はテレビなどあまり見ないし、家にテレビがない人も多い、と。高齢者をターゲットにしても未来はないから、報道番組でも「コア・ターゲット」と呼ばれる10代から40代の人間が見るようなコンテンツを作れ、というのです(笑)。最初は何を言っているのか分かりませんでしたが、購買力のある若い人に見てもらえないメディアは滅んでいく運命にあるのだから、放送もそれに合わせろということです。「テレビの出演者は若い女性を多くして、可愛くて目を引き、おバカさんでもノリがいいことが大事だ、若い人がついてくるものを作ってくれ」などと平気で言います。それは、メディアの活動の成果を商品としてしか見られないからです。

一般社会の中に染み付いている、銭儲けが基本だという価値観が刷り込まれてしまうと、メディアでも、教育でも、文化活動でも、あらゆる行動形態が幼稚化し、半成熟くらいが一番いいという話になってきます。日本が出口を見出せないでいる今、若い人が政治に興味を持てなくなっているというのは、何となく分かる気がするのです。「何やったって、爪弾きにされるし説教されるだけだ、そんなことをやっているんなら就活の練習した方がいいよな」とか「友達がいなくても、オンラインゲームで仮想的な友達を作ればいいし」といった話です。コロナ禍のもと、オンラインの授業や付き合いが増えていますが、実際にリアルに会った時と比べれば、情報量は格段に少ないんです。匂いはしない、唾は飛ばない、言い淀んだりしないし、ヘマも失敗もしない……。僕らはそうした集団ではないところで育ちましたから、恵まれていたのでしょうね。そういう価値観の変遷を見た時に、今の若者はみんな忙しいし、追い立てられているし、そういうところで「お前たち希望をもてよ」と言われても「無いものはないのだからしょうがないじゃん、好きなことさせてよ」みたいなことになって、ああいう統計結果になるのは、仕方がない気がするのです。

同時に、最近のネット世界を見ていると、若い人の中にもう少し違う動きが出てくるのではないかという希望もないわけではありません。アメリカでは、黒人だというだけで警察官の暴圧によって殺されてしまいかねない社会に、みんなが、特にZ世代と呼ばれる若い人たちがSNSで「おかしいじゃないか」と呼びかけ共感が広がりましたが、それは健全な動きです。オリンピック組織委員会の森喜朗会長の女性蔑視発言で、首のすげ替えで逃げ切ろうとした時のSNSの反応も、真っ当だったと思います。ああした動きが、本来ならマスメディアとか、大学とか、学問の世界で受け皿にならないといけないのですが、そうした世界ではもう既存メディアにそれを期待していません。誰でも匿名でどんどん発信できるようになると、マーケティング的にも無視できない力になり、社会を動かすようになるでしょう。森会長発言でも、スポンサー企業のなかでさえ批判せざるを得ないところに追い込まれましたが、あれはブラック・ライブズ・マター（Black Lives Matter）の時にアメリカでスポーツ用品大手のナイキが反人種差別キャンペーンを立ち上げたのとそっくりだと思いました。もしかすると、ここに希望が宿っているのかもしれないなと、最近感じています。僕ら既成メディアや大人の方が、そうした動きの受け皿になり得ていないのではないでしょうか。さっき言ったように、メディアの経営者が商売がらみで、若者を幼稚化した番組で取り込もうと考えているようではもう終わりだと、若い人たちも感じていると思います。こういうことを続けている国が、最初に滅びるのだと思うから言っているのです。

猿田　白井さんは、一度日本は滅びた方が良い的なことを時々おっしゃいますが（苦笑）、ここで一度、設問を立ててみましょう。日本は少しも良くなってきていないのでしょうか。

女性差別はいけない、民主主義や表現の自由は大事だといったことは、昔に比べれば、教育によって実は結構徹底して刷り込まれてきたのかもしれない。例えば、森氏女性差別発言問題でも女性差別の発言をする人がトップにいてはいけないとか、学術会議における民主的な人選を邪魔しないようにするのは民主主義の基本なんじゃないのとかといった、憲法に盛り込まれた権利はそれなりには社会の常識になっています。小学生の息子の教科書や授業を見ていても、どのように答えを見つけるか順番を追って考えましょうとか、自分が小学校の時にはやらなかったディスカッションも行われています。

もっとも、表面的にだけ教わり、その真の意味を理解することなく「長方形の面積の方程式は縦×横」と同じように「民主主義とは多数決で決めること」などと概念として頭に入っているだけなので、いざ、現実の社会や生活でいくつかの価値観がぶつかる場面に出くわしたとき、自分はどう判断したらいいのかという熟慮ができなくなっている傾向にあると言っていいでしょう。その例は、この後の対談でいくつもご紹介しますが、議論をして何かを変えていこうという発想が全然ない。昔の方がむしろ、自民党と社会党が火花を散らして議論し合っていて、価値観の明確な違いが政治や社会を考えるきっかけになっていた、とすら言えるのかもしれません。

また、他者への温かさ、助け合い、という点も、今は希薄になっていると思います。イラク「人質」事件の時の「自己責任論」バッシングはいまだに強烈な印象として残っています。それが今の「自助」にも繋がっていて、がんばらない人は助けないとか、自分が蒔いた種で苦しむなら勝手に苦しみなさい、という考えを持つ人は以前より多数になっているように思います。

金平　白井さんも今の若い人たちに対して、結構厳しい評価をしていましたね。彼らの物事を考える思考形態を見ると、昔風に言えば、反「知行合一」、つまり言っていることとやっていることが違うではないかという思いがありますが、それは誠実な生き方ではないと言えます。言っていることが経験に裏打ちされており、やっていることは言っていることとなるべく異ならない方がいい、という思いが残っているのです。ただ今の若い人たちは刹那的だし、希望を持てず、出口を必死に探しているところがありますが、そうした生きづらい環境を作ったのはやはり僕らです。お前たちはダメだ、僕たちはそういう環境を乗り越えてきたんだ、と言ってみても、彼らは反発するだけです。男女が惹かれあったり、音楽で心をときめかせたり、映画は見るより作ってみたいといった欲求は、僕らと同じです。世間的な意味で言う立身出世とか、官僚になって日本を支配したいなどと考えている人はほとんどいないですよ。給料がいいから外資系企業にいきたいとか、すごく割り切った思考になっている人は結構いるでしょうが……。

猿田 そういう人も少ないと思います。たくさんお金を儲けたいというより、当たり前で普通の生き方でいいと思っている人の方が多いのではないでしょうか。

白井 同感です。むしろ、むちゃくちゃ儲けてやるといった人の方が面白いんですがね。いまは生命力がすごく減退していると感じますよ。

猿田 白井さんは、学生の状況について5年ほど前に「質がグッと下がった」とおっしゃいましたが、それ以前と今の違いはどこにあるんですか？

白井 明らかに優れた若者はどの時代でも、どの場所でも必ず何割かはいます。しかし平均点なり中間値を見ると、ぐっと下がってきている感じがします。今の状況は政治的無関心という言葉では形容できないような、社会全体に対する関心が薄いというか無いという状況が広がってきています。「鉄の女」ことイギリスのサッチャー首相は「社会なんてものは存在しない」と言いましたが、そんな深い疎外感なのです。さっき紹介されたデータにあったように、社会というのはどうにもできず動かし難いものであり、不快で苦痛だけをもたらすのだから、そんなものを知ったって苛立ちが募るだけであり、個人の心理にとって無意味もしくは有害でしかない、ということです。無社会世界観と言ってもいいかもしれません。

「セカイ系」というのがその文化的表現だと思いますが、主人公とそのごく近くの人間だけがいきなり地球や世界の運命に直結してしまい、その間がないのです。私たちはその中間のことを「社会」と呼んできたはずなんですがね。ところが、もう社会というものは個人に対して徹底的によそよそしいものでしかないから、そんなものは無いことにしたいという感覚です。そもそも存在しないものに対して関心を持つことはできませんので、政治的無関心はいよいよ深くなっていくというのが、多分いま起きている現象でしょう。マルクスに言わせれば、人間の本質とは何かといえば「社会的諸関係の総体である」ということですから、無社会人間化すると自分自身も存在しない自己喪失状態に陥るのだと思います。自分を自分と感じられない、自己把握できないわけですから、学生の間である種の精神疾患が増えていることにも繋がっているのではないでしょうか。これも、デュルケームが言った社会的規範の崩壊を示す「アノミー」ですよね。そういう地獄のような状況が刻々と広がっている感じがしますね。

金平　今の若者にとって社会がない、「セカイ系」と自分の間には何もないというのはショックですね。僕らが若い頃にとらえていた社会というと、コモンズとか公共みたいなもので、みんなが集まってガヤガヤ話をしたり、金儲けなどとは関係なくいくら休んでいてもいいような場所でしたけどね。

白井　サークルの部室みたいなものですね。

金平　そうそう、部室でだべったり、喫茶店で深夜までたむろしたりね、そういうものって絶対に必要だと思っていました。ところがコロナの時代に見えてきたのは、ネットカフェ難民など、巣篭もりしをている若者の姿です。ネットカフェの利用者は東京だけで40万人とも言われていますが、僕には想像もつきません。居場所について言うと、会社にも大学にも来るなと言われているわけです。僕が教えている早稲田大学などマンモス校はいまだに原則立ち入り禁止になっています（2021年2月21日現在）。中国からの留学生は、半分以上が日本に来られずにオンライン授業ですから、一回もキャンパスに入ったことがない、それなのに高い留学費用を払わされています。大学がコモンズになっていた時代に僕らは育ちましたが、今の大学は、営利のために存在していても、学生が集まることのできる大事な「場」であるという機能がなくなっています。今は恐らくそれに代わる場所といえば、コンビニとか道路上のウーバーイーツ・エリアです。そこに配達デリバリー待機で集まっている人を見ると、半分以上が外国人で、彼らはそこで互いに場所を融通しあい情報交換をしています。それを見ていると、人間はヴァーチャルでも繋がることもできるでしょうが、一人では絶対に生きていけませんから、基本にあるのはやはり公共的な空間だと思いますね。自分一人だけの空間になってしまうと、居場所だけでなく、その先の行政や国家、世界、地球環境というものとの繋がりが喪失してしまいます。

白井　そうしたつながりの基礎になる空間をここ20年でせっせと潰してきたのですよ。早稲田大学のキャンパスについて言っても、私が入ったのは96年ですが、サークル活動が活発でした。第一学生会館と第二学生会館に各自の部屋がありましたが、それではとても足りないので多くの校舎の地下が部室として使われ、ほかにもラウンジがサークルスペースとして使われていました。ラウンジに拠点を持っているサークルはラウンジサークルと呼ばれていました。それらはもともと、大学闘争の頃に全共闘が占拠していたオキュパイに歴史的起源があるようですね。それが代々既得権益になっていって、ここは何々研究会の持ちブースだといった感じでずっと引き継がれてきたんです。それが、私が卒業して2、3年後ですが、大学当局は教室の不足を理由にして、厳密に言えば根拠が曖昧な占拠を続けている部屋を一掃していったのです。ラウンジについても、本来は全ての学生が利用できるはずのテーブル・イスを特定の団体が占有しているのはおかしいという原則論を盾に、全部潰していきました。その結果何が起きたかというと、学生の居場所がなくなって、大学における〝便所飯〟という現象が出てきます。飯を食べる場所がなくなり、学食で一人で食事をしているのを見られるのが恥ずかしいというので、トイレの個室に篭って飯を食うのです。こうして誰のものだかよく分からない曖昧な空間を全て消してしまった結果がこれなのです。本当に悲惨ですよ。

これこそコモンの消失であって、ネオリベラリズムです。ネオリベは、国家による福祉・公共サービスの縮小と市場原理主義の重視だけが問題ではないですね。それ以上に重大なイデオロギーは、「ここはあなたの居場所じゃないです」というメッセージに約言できます。空間を徹底的に囲い込んで浄化することで、曖昧でもある人の「居場所」を奪うのです。早稲田ではすでに完成し、いま京都大学で進行中の立て看板への規制、その絶滅も同じ動きの一環です。かつては劇団などいろいろなサークルの看板が大学のフェンスに並んでいるのが大学の通常の光景でしたが、早稲田なんか今はほとんどないんじゃないでしょうか。

だから私は、大学は死んだと見ているのです。この光景の変化に対して違和感を持たない大学人に、知性などあるわけがありません。私は大学がもともと好きで残ったはずなのですが、はっきり言えばもうウンザリしているというのが、正直なところです。

猿田　私も大学に入学し、勉強以外の時間がほとんど、という大学生活に夢中になったクチなので、大学にそうした空間がなくなっているということの意味はよく分かりますし、社会全体からそういう空間が消えていくとすれば、今後にどういう影響を与えるのか懸念を抱きます。コロナでその状況はさらに加速しています。

ただ、別の面をあえて取り上げれば、私なんかは、コロナになってからＺｏｏｍ（ネット会議システム）に頼る生活になり、朝から晩までＺｏｏｍ会議だらけ。これは時間がない中、移動が少なくて足り、とても助かる。私の新外交イニシアティブ（ＮＤ）の取り組みの柱は米議会やアメリカの専門家など米国の人たちに政策提言することです。「コロナで動けなくなりましたね」と聞かれたりしますが、実は、飛行機に乗らなくてもアメリカの人と頻繁に喋れる。長期出張をしなくても家で仕事ができるので、子どもとも一緒にいることができ、助かってもいるのです。

自分の周りを見ても、そういう「超合理的」な生活が合っている人が結構いると思います。しかし、コロナによって社会全体から大事な場が失われて行くことについてはもちろん心配もしています。

白井　猿田さんもリアルな人間関係ができていた時代を知っておられるわけで、私たちは仲間と知り合ってリアルにやりとりをしてやってきた年齢層です。だから、Ｚｏｏｍに切り替わっても違和感はそれなりに相対化されますが、すべてがそうなってしまったらどうなるんでしょうね。

猿田　確かに、今回のＺｏｏｍ鼎談でも、金平さんや白井さんとは何回もお会いして喋っていますから気楽に話せるのであって、初めての人ばかり並んでいたら、こうはいかないでしょうね。

金平　それでは、お見合いとか就活の面接のトレーニングのようになってしまいます。とうとう学校の先生の中に、キャンパス不要論を言い出す人も出てきましたね。

白井　昔からそういう議論はかなり流行っていて、大学はその声に押される形でその方向に向かってきました。それがコロナになって、そうしたキャンパス不要論が強制的に実現させられるような状態になったのです。ですから、私などはもともと大学業界の人間だから、皮肉な気持ちもあるわけです。ここにきてキャンパスでのリアルな交友関係が大事だとか文科省が言っているわけでしょう。いまさら何を言っているんだという話です。授業以外の要素は全部無駄だからドンドンなくせ、わけの分からない空間を残すな、と指導してきたのですよ、文科省は。その流れからすれば、授業が全部オンラインになるのは、理想状態でしょ。

猿田　白井さんと私が大学生の時代に、学生みんなが政治の話をして盛り上がっていたかと言うと、全然そんなことありませんでしたよね。私は国際人権団体のアムネスティー・インターナショナルで活動したりしていたので、友達同士で政治の話をすることはありましたが、常にマイノリティーでした。中学校や高校でも、政治の話なんかすると白い目で見られますから、友達と仲良くすごすためにはそうした話はできるだけ避けていました。小さいころから新聞やテレビを見てニュースに関心のある子どもだったので、そんな環境にはずっとフラストレーションを感じていました。小学生5年生くらいの頃、当時はやっていた宗田理の『ぼくらの七日間戦争』（ポプラ社）という小説を読んで、学生運動華やかなりし時代のことを知り、父親に、「お父さんの時代は、政治の話がみんなでできたんでしょ、今と全然違ってうらやましいよ」と言ったことを覚えています。金平さんの世代には、大学紛争の名残もあり、政治についてみんなして議論することもあったでしょうが、その後は、「もの言わない」世代になっていったのだと思います。お二人は「若い世代は」とよくおっしゃるけど、既に私の大学生の頃でも政治の話なんかできなかったし、その点はこの間たいして変わっていない、と思っています。

金平　それは、政治から若者が退却していくという過程ですかね。僕自身は、前の世代の背中を見て育ちましたから、高校生の時からそちらに引っ張られたという感覚が未だに保持されています。

猿田　政治について議論するかしないかについて言えば、自分自身は議論を起こすようもがいているつもりではありますが、既に悪くなっていたものがそのまま続いているだけではないかという気もします。白井さん同世代としてどうですか。

白井　はい、そうした流れの果てだというのは確実にそうだと思います。学生が、まともな本を読まなくなり、社会や政治の問題について考え、日常的に意見交換や議論をすることがなくなってきているというのは、今に始まったことではありません。私たちが学生だった頃もそうだったと思います。ただし、今との違いは何かと考えると、世の中がどんどん厳しくなっているのに、なぜそのままなのかということです。私たちも就職氷河期世代で厳しい時代でしたから、その世代以降にその気質に変化が起きて然るべきだったのでしょうが、それが起きないで現在に至っているという感じがあります。

その後の変化で挙げられるのは、オタク趣味、とりわけロリータ・コンプレックスが濃厚になったことです。私たちの世代までは、そうしたものは愛好者がこっそり楽しむものだという常識がありましたが、今はあられもなく表現されています。これは何かと言うと、ずっと子どもでいたい、大人になりたくないという、成熟の拒否であり精神的な幼児化です。「難しいこと、社会のことはよく分からないし、分からなくてかまわないじゃないか」と言って表層的に対立を避けるという生き方です。そういう風潮が強くなってきて、一切の恥じらいもなくなってきたのが、私たちの若い頃と今との大きな違いの一つなのではないか、という気がしますね。

金平　日本が幼児化とかオタク化といった隘路に入り込んでいるのは事実だと思います。防衛省の自衛官募集のポスターを見てもあられもないオタク趣味で、ある種の倒錯したパロディーだと言えばそうですが、あんなコスプレを体現した女性自衛官を登場させて恥ずかしくないのかという気がします。日本のアニメ文化って、ヨーロッパでもすごい人気で、香港の政治活動家の周庭さんなんかも、いわゆる乃木坂世代の文化が大好きだと言っていましたが、なぜ向こうではそれがポジティブなパワーになっているのに、日本では内向して内側だけで盛り上がってしまっているのでしょうかね。生命力とか生きてく力が衰えているのでしょうか、その感覚はちょっと理解できませんね。

白井　自衛隊のポスターもそうだし、自治体が作ったキャンペーンポスターなどでも図像が妙に性的であるなどと、ハレーションを起こしているところもあります。注目を集めることが大事なんだといった擁護論もありますが、根本的に狂っています。一方で、公序良俗に反するから規制が必要ではないか、といった意見もありますが、法的に規制すると表現の自由を規制することに繋がりかねません。そこで重要なのは節度であり、それが分からない社会になってしまっています。

猿田　ロリコンまでいくとついていけませんが、いま聞きながら考えたのは、それって、「和をもって尊しとなす」という古くからの格言に行きつくのかもしれない、ということです。自衛隊すら愛くるしいポスターを作るというのですが、アメリカなら、例えば、テレビCMで海兵隊員募集をしていますが、前線の戦車やその上に銃を構えて立つ兵隊が出てきます。そんなアメリカで、沖縄の新基地建設反対のネットワークで新聞意見広告を作ったりする際、私の心理的傾向としては、かわいい「ジュゴン」などが皆に受けるんじゃないかな、とか、考えてしまいがちですが、アメリカのプログレッシブな人たちの闘いでは、そのシンボルマークは空に向かって突き上げた「カクカクの拳」。自分の意思を尖った形で社会に突き付けています。でも日本では9条護憲運動なんかでも、そういう強面の表現ではなく、若い人たちにも拒否されないように、柔らかい表現をとる傾向が強いと思います。和を乱してはいけない、尖った意見を言ってはいけないと。結果、かわいいものに落ち着いたりするのかな、と思いながらお二人の話を聞いていましたが、どうでしょうか？

白井　私などはむしろ、ねじれた「マチズモ」を感じますね。これも、敗戦が根底にあります。しかも単に負けただけではなく、打ち負かされた相手に取り入り、かつその取り入ったことを曖昧に自己正当化してきたという、ややこしい歴史があるわけです。日本の男性は、それまで一億玉砕とか聖戦貫徹とか言っていたくせに、天皇があっけなくポツダム宣言を受諾し、占領軍に国の形をいいように変えられても、それをやったアメリカに対しては媚を売るばかりで、まともに抵抗しようともしません。愛国と言うんだったら、米軍基地に爆弾を抱えて突っ込めという話なのに、そういうことをやった右翼は一人もいないわけです。米海兵隊の募集広告では、圧倒的にマッチョなものを提示し、男らしさを売り込んでいるのでしょうが、世界標準的にそれはそういうものだろうと思います。日本ではなぜか萌えアニメの絵柄でいけてしまうのは、歴史の経緯からしてマッチョなものを誇示しえないからです。

じゃあ、そういう男性中心的な習性は徹底的に相対化され、そこから離脱したのですかと言ったら、全くそうではありません。今般の森喜郎さんの女性蔑視の問題発言から辞任に至る話でも明らかですし、選択的夫婦別姓も自民党が政権にある限りは絶対に無理だという、やはり男でなければダメなのだという本音があるんです。本音はあるのだけれども、本当はもう不能であるということを、男たちは知っているのです。知っているから、それがバレそうになるとヒステリー反応しか起こせないんです。だからもう、人として最低であり、醜悪の極みだということです。

5. 菅＝安倍継承政権の本質と問われる政権交代論

金平　僕は、コロナの時代になってある種の選別作用が働くようになったと思います。例えば、医療従事者をはじめ「エッセンシャル」という言葉が流行りましたが、一方で芸能人、文化人などは不要不急で、そんなの今やらなくたっていいじゃない、みたいな言われ方をされました。その時に考えたのですが、僕たちのマスコミ・メディアの仕事も不要不急じゃないのかってね。僕はテレビ報道のキャスターをやっています。ただのコメンテーターになりたくないから、現場に通って取材したこと以外はなるべく話さないでおこうと思っているのですが、そういう不要不急とエッセンシャルの間の選別作用が、コロナ・パンデミック下ですごい勢いで広がっています。さっき言った、ウーバーイーツのデリバリーをやっている人って、エッセンシャルな人だと思います。専門家会議の尾身茂会長などは、新しい生活様式の説明の中で、食事はなるべくデリバリーを利用しなさいと言っていますが、そういう人よりも、何分以内に届けなければいけないと計測しながら交通規範のギリギリのところで走っているウーバーイーツの当人の方が、はるかにエッセンシャルだと思います。

コロナワクチンの接種をめぐる優先順位についてはもっと露骨で、最初に治療すべき者を選別するトリアージの議論とすごく似ているのです。何をもって優先順位とするのか、どの国や地域の人を優先するのか、世界が注目しています。日本においては、ワクチン投与計画は遅れに遅れていますが、選択順位は何となく国が決めることになっています。それは国策であり、国民はそれに従わなければならず、メディアはそれを後押しするのが役割だ、ということでしょう。そこからも政治とは何のためにあるのかが見えてきます。

白井　エッセンシャル・ワーカーへの感謝と賛美が盛んに喧伝されますが、給料は上がらないですね。

金平　憲政史上最長記録を達成した安倍政権にしても、終わって見ればモリカケ問題や河井夫妻問題など負のレガシー以外、何もないじゃないですか。彼のやったことで一番大きなことは、先ほどから言っているように、日本という社会から道義やモラルを崩壊させたことです。まだ大統領にもなってないトランプ氏の所に馳せ参じて、一番の忠犬でありますみたいな態度をとりました。あのまま安倍政権が続いていたら、どんな顔をしてトランプ氏を破ったバイデン氏と向き合うことができたでしょうか。おそらく、彼自身はトランプという人物の本質など分かっていないし、それほど英語でのコミュニケーション能力はありませんから、夕食会や写真撮影時以降はほとんど話もしていません。つまり、見てくれとかパフォーマンスだけで生きてきたのです。プロンプターを使って読み方教室みたいなことやっていましたが、あれは全部、他人が書いたものをいかにも自分で喋っているように演じていたわけです。何一つ自分の言葉や考えがないまま一生懸命に演じていたわけですから、気の毒だなと思いますよ。

「美しい国」などと言い、憲法改正を掲げ続けましたが、彼自身その意味をどれだけ認識していたかと言えば、保つべき価値観とか倫理観、モラルとか道義がもともとないんですから、分かってなかったと思いますよ。要するに空虚で、なんのコアもないまま7年8カ月も続いてしまったという、一言で言うと悲劇だと思います。彼自身もやった感がないだろうし、周りもすぐに忘れるだろうし、彼に対して思いを持つ人がいるとしたら、正直言ってどういう人なのだろうか、全く理解できませんね。

猿田　白井さんは書いておられましたよね。安倍さんを支援してきた人は、権威を支持していただけで、人間を支持していたわけではないと。

白井　はい。結局、安倍さんにはなんの魅力もないということになるわけです。青木理さんが本に書いていたように、空虚そのものです。何かをやったわけではなく、やってる感があっただけであり、だからこそ長持ちしたのだろうと思います。だからそこから浮かび上がる恐ろしい結論は、８年余のひどい政治は、安倍さんの意思によって実現したというよりも、むしろ日本の官僚機構を中心とするエリート層の中核部の総意だったんだろうということです。特に政権後半になると、官邸官僚の「７人衆」とかいう固有名で語られるように、前例のない状況になってきました。一部官僚にとっては、耳元でこれはこうした方がいいですよと言うと、長期安定政権でそれをバッとやれるわけですから、理想的な状態ができていたわけです。だから、安倍政権のレベルが酷かったとすれば、それは日本の権力中枢にいるトップエリートの質がいかに低下したのかということでもあったはずです。

そこから、彼らがこの間、何をやろうとしたのかが少し浮かび上がってきます。安倍政権は、前半と後半で変化があり、前半は「内政はネオリベラル、外政は対米従属強化」という分かりやすい方針だったと思います。日本を世界で一番企業が活躍できる国にすると言うんですから、要するに資本がやりたい放題できる空間を創るのだということです。ドリルでもって岩盤規制に穴を開けてどうこうすると盛んに言っていましたから、これはネオリべ推進そのものです。アベノミクスでは、需要を喚起しなければ景気回復はないということで、一応賃上げなどを呼び掛けたりしていましたが、結局は中途半端なものに終わりましたから、総論としてはネオリべだったと言えます。外政に関しては、集団的自衛権行使容認を強行して、対米従属体制を一層強化しました。

そこで後半は、対米従属体制を固めて一段落したと言うので、ちょっと違う方向をやってみようという気分が出て来たのだろうと思います。外交ではそれがロシアや中国と接近しようということでした。アメリカ・ヨーロッパとロシアとの関係がかなり緊迫している時期でしたが、そういう中でロシアに接近しようと試みました。中国に関しても、コロナで流れましたが、習近平を国賓として呼ぼうとしたわけです。それから弾道ミサイル防衛システムであるイージス・アショアを蹴っ飛ばしたわけです。また最近やっぱりやるんだとかなんとかわけ分からないことになっていますけれども。ですから、外交に関しては、言ってみれば多元的な方向性が仄見えていました。

一方内政の方に目を転じてみると、私は「アベノリベラリズム」と呼んでいますが、働き方改革、女性の活躍、同一労働同一賃金といった、典型的なネオリベ政策とは違う、どちらかと言うとリベラルな政権が掲げそうな政策スローガンを、かなり盛んに打ち出すようになりました。要するに、さすがにネオリベ路線を延々とやっていると国が衰退するばかりだということを、安倍氏が気づいたというより、周りの人間が吹き込んだということだと思います。これは良く言えば柔軟だということになりますが、そういった転換をしないととてもじゃないけれど保ちません、という予感があったのではないでしょうか。それもいい加減な話で、そんな大きな転換であれば、それこそ政権交代か選挙による審判を経て方針転換がなされるべきなのでしょうが、密室で勝手に決められて転換が起きているわけです。

そして菅政権になってどうなったかと言うと、コロナという想定外の状況があるのでいろいろ消し飛んでいるものもありますが、どうも「アベノリベラリズム」をまたネオリベラリズムの方へ引き戻しているような気配がします。例えば、竹中平蔵氏などが俄然元気になってきています。安倍内閣は経産省内閣などと言われましたが、菅政権になって経産省系は追い出され、竹中氏などがまた引っ張り出されてきたのです。児童手当に所得制限をかけて廃止するとか、高齢者の医療負担を倍加するとか、またぞろゴリゴリのネオリベ路線に引き戻そうとしています。今はそんな状況だろうと思います。

金平　安倍政権を引き継いだ菅政権についてですが、菅氏は安倍政権の情報部門を統括してきた「御庭番」のような人物です。もともと菅氏はそういうやり方で生き残ってきました。横浜の市議会議員の時代から、情報攪乱のようなやり方で、喧嘩を売り、政敵に対して恫喝まがいのことをしながら生きてきた経歴の持ち主です。作家の辺見庸が「特高顔」と言いましたが、これは本質をズバリと突いている表現だと思います。だから菅政権になっても、安倍的なものはいまだに続いているのが今の置かれている現実でしょう。菅氏は首相としての資質を欠いているうえに、新たな出口を見出せずに、東京オリンピックさえ政権延命のための道具にしようとしています。これは、日本という国がだんだん衰退・劣化していき、メディアもおそらく力をますます失い、学問の世界でも、この間起きているように専門家が無効化されて知識が浮遊しつつある、そうしたことが大きな状況としてあると思うのです。

とりわけ、菅政権の特徴について言えば、警備公安警察、とくに情報部門が大きな力を持っているということです。これは安倍政権の後期から続いていることですが、特定の警察官僚、情報官僚（内調など）を異様に重用しています。その起源は、もともと拉致問題を担当してきた公安警察の勢力拡大で、それが外交にまで口を出すようになったのです。中国・韓国・朝鮮半島に対しての諜報活動とか、北朝鮮に対する防空態勢やミサイル装備といったことに対して介入する余地があったのでしょうが、それ以外のところにも警察官僚が介入してきています。たとえば皇室を運営する宮内庁とかですね。特徴的なのは、安倍政権後期と菅政権に共通しているのですが、官僚の人事掌握について警察力を使うということです。有名なところでは、辞任に追い込まれた文部科学省事務次官だった前川喜平さんの日常生活をずっと見張っていたのですから、怖いですよ。こういう手法を取っているところに、菅内閣の陰湿な性格が示されています。

白井　言うなれば、ロシアのシロヴィキ（治安・国防関係省庁職員およびその出身者）の日本版だと思います。

金平　その力は、内閣府と総務省の中で際立っていると思います。メディアも含めて日常的にウォッチし、その一部はスキャンダルとして公に出しています。情報を操作することによって相手を攻撃できるということを、みんなが知ってしまっていますから、それは時に自分たちにも跳ね返ってきて、刺し合いになることもあります。安倍政権の末期によく出てきた話です。

白井　このところ「週刊文春」によるスキャンダルのスッパ抜きが続いていますが、菅政権が文藝春秋を弾圧する可能性はありませんかね、金平さんどう思われますか？

金平　文藝春秋には独特の構造があり、その中で「週刊文春」の部隊は、文春の文芸を担当している人たちなどとは全く路線が違い、例えは悪いけれども関東軍みたいなもので、文春本体も手がつけられないと聞いています。よく言えば独立性があるというか。とにかく「週刊文春」は、売りまくれ、突っ込んでいけという路線です。伊藤詩織さんへのレイプ事件を起こした山口敬之氏は、「週刊文春」の当時の新谷学編集長と、ある記事の掲載をめぐって懇意な関係にあったと思います。山口氏は、TBSのワシントン支局長在任中、韓国軍のベトナムでの慰安所開設といったストーリーを、文春にベトナム現地取材までさせて、もともとTBSのために取材していた内容を、無断で「週刊文春」誌上で発表して、TBSから処分を受けた人物です。その山口氏が一連の経緯の事情聴取のためにTBS本社からの呼び出しを受けて日本に帰国し、東京滞在中に、詩織さんへの事件を起こしたのです。

僕は、山口氏のレイプ事件捜査に対しては、官邸による捜査揉み消しがあったとみていますが、官邸には、官僚やメディア、文化人らの生態をずっと見張っている部門があり、それらが機能しすぎると、指揮系統が働かなければ、結果的に「差し合い」みたいになって、知り得た情報が流出・拡散してしまい、もともとの目的とは違う「副産物」が生まれてしまうということです。文春は「文春砲」と言われるような連続的なスクープをやったことにより、売り上げ以上の本来の週刊誌ジャーナリズムの力に目覚めてしまったというのが真相ではないでしょうか。新谷氏の時代とはまた違うんですが、現場の方はどんどん走ってしまって、さっき関東軍と言いましたが、文春本体のアンコントロール部門になっているのです。

白井　取材チームの編成も厳密に分けて、情報が漏れないようにしてやっているらしいですね。私の教え子の一人が文春に入り、「週刊文春」に配属されたのですが、なにか面白い話はないのと聞いたら、別のチームが何をやっているのかは全く分かりません、と言っていました。

金平　何だか文春自体が特務機関化かつ二重構造化していると見た方がいいんですかね。僕が文春の人と情報交換をしたのは、森友学園問題で公文書を改ざんさせられ自殺に追い込まれた元近畿財務局職員の赤木俊夫さんの件でのことです。妻の雅子さんが起こした民事訴訟に絡んでの件ですが、この赤木さん関係の文春の取材もすごいです。例えば昔の赤木さんの上司をずっと張り込むのですが、ものすごくリスキーで、それだけエネルギーと労力とお金がかかり、他のメディアでは真似できませんから、本気を出しているなと感じます。文春内のそのチームは独立していて、他とはかけ持ちはしていません。ですから、将来的に何かを仕掛けて潰そうといった動きも、もしかすると文春から出てくるかもしれませんね。ちなみに、伊藤詩織さんの手記が出版されたのも、文春のノンフィクション部門からですけれどね。

白井　今後、総務省と菅氏へのダメージは、相当のものになってきそうな気配ですからね。

金平　心ある報道陣が今、追っているのは、総務省幹部が放送事業会社「東北新社」側から繰り返し接待を受けていた問題です。首相記者会見を仕切っている山本真貴子内閣広報官は、総務省の元放送情報局長で放送行政を仕切っていました。彼女の局長の時期は、菅首相の息子の正剛氏が入社した時期と重なっています。今日のニュースでは、総務省は幹部ら11人を処分したそうですが、あれは相当な話ですから「息子とは別人格」で済む話ではありません。

猿田 ひどい話ですね。官僚の人事で言えば内閣人事局の問題がしばしば取り上げられます。政権交代が定期的にあることを前提に、政権交代を実質的な意味のあるものにするための人事権の強化であれば有益でしょうが、現在の再度の政権交代の可能性がまったく見えない中でのこの内閣人事局の制度では、民意はどうあれ単に権力がより強くなるだけの結果となり、ヒラメ官僚を増やすだけの制度となってしまいました。

政権交代が実質的なものである場合には、政権を奪取した新しい政府は、前政権の政策を見直し、また、前政権が持っていた情報を吟味し、問題があれば情報を暴露することもできる。そうすると、時の政権は、あとで政策が変更されるかもしれない、あるいは、作成した資料も社会に開示されるかもしれないと思うわけで、その結果、政策決定過程で十分な吟味がなされ、情報隠蔽へのハードルも上がります。定期的に政権交代のあるアメリカでは、前政権の文書や政策が見直され、大きな問題があれば裁判になる可能性もあります。民主主義国家で政権交代がないのは日本だけですねって、よくアメリカで言われます。

金平 今の話の腰を折るようで申し訳ありませんが、アメリカの二大政党制ってなんぼのものなのかという思いが、実はずっと僕の中にあるんですよ。

猿田　もちろん、それはそうだと思います。別にアメリカの二大政党制が良いと言っているわけではありません。しかし、政権交代の機会があること自体は決定的に良いものだと思います。

金平　政権交代はどんどんやっていけばいいとは思いますが、アメリカのような二大政党制を金科玉条のように考えるのはどうでしょうか。プランAがダメだったら今度はプランBといった感じでね。僕は、日米関係に限って言えば、アメリカの国は民主党であろうが共和党であろうが、基軸は変わらないと思っています。というのは、なぜ今の対米従属の構造ができたかというと、日本とアメリカの歴史に遡ると見えてくることだからです。

一番大きい要因は太平洋戦争における戦勝国と敗戦国なのですが、実はペリー来航あたりまで遡らなければならないからです。日本という島国における近代国家の成り立ちを考えてみると、脱亜入欧といった形で進められてきました。アジア各国の欧米社会という異世界との付き合い方は、日本とは明らかに違います。日本はアジアの中で唯一帝国主義的、植民地主義的な振る舞いを選択し、ヨーロッパ的なやり方をアジアでやろうとしたわけです。その原点は、ペリーなどが黒船できて、開国しろと武力で脅しましたが、あの辺のトラウマがずっと残っているのです。わずか75年前までは鬼畜米英と言っていたのが、敗戦でダメを押されて、白井さんの言葉で言えば、天皇に代わる国体になったわけです。

それに対して、アメリカでは二大政党制が続いてきましたが、それは、政権交代がやりやすいから生き延びているというよりも、極論すれば、所詮は保守二大政党制の国だと思っているのです。ヨーロッパの歴史を踏まえて言うと、社会民主主義的な考え方はもちろん民主党の中のプログレッシブ（進歩派・革新派）として生きていますし、サンダース氏の政策にも流れ込んでいることは事実です。この社会民主主義的な考え方は、スペインやイタリア、あるいはフランスなど、ヨーロッパにはまだそれなりに根づいています。コモンズに近いような価値観を信奉する社会のあり方を目指す人々は、ヨーロッパの伝統の中にまだ生き残っているのです。それを考えた時に、幅のある民主党の中に急進的なプログレッシブとしての社会民主主義的な流れが入り込んでいるとしても、アメリカの社会は保守二大政党制が基本です。アメリカという国は、もちろんコミュニズムなどとは全く無縁の国であり、資本主義の権化だと思います。アメリカはこのまま進んでいくのだろうと思いますが、日本の今の政権は自民党の一党支配だからといって、アメリカをお手本にして二大政党制を目指さなければならないというのには、僕は違和感を感じるんですよ。

猿田　繰り返しますが、私は決してアメリカの二大政党制が良いといっているのではありません。丁寧に説明すれば、アメリカでは、今、プログレッシブと言われるグループが力を伸ばしており、下院民主党内のプログレッシブ議員連盟は前回の選挙で過去最大の100議席近くに議席を伸ばしました。これは米下院における民主党の半数に近づく数字です。大統領候補者として大旋風を起こしたサンダース陣営とほぼ重なる陣営です。私は、日本のリベラルとこのアメリカのプログレッシブ陣営をつなぐという取り組みを続けており、例えば、2020年6月に日本の国会で設立された日本プログレッシブ議員連盟とこのアメリカのプログレッシブ議員連盟をつなぐ、といったことを試みています。もっとも、彼らは米民主党内でも半数には至っておらず、現バイデン政権を含む民主党の歴代政権は日本の価値観でみれば保守政党と言ってよいと思いますし、アメリカが保守二大政党だということについて異論はありません。

先ほど私が言いたかったのは、政権交代の重要性についてです。例えばドイツでは、政権を担う可能性がある政党が5つも6つもあり、切磋琢磨しています。それぞれ力の変動があり、保守のCDU（キリスト教民主同盟）が現在の最大与党であり、歴史的にも政権党である期間が長いですが、革新側のSPD（ドイツ社民党）が軸となる政権も相当期間あり、また、現在はCDUと社民党の「大連立」と言われる政権です。この秋に選挙がありますが、社民党より左派である緑の党とCDUの連立政権が誕生するのではと言われています。保守党であるCDUと左派の社民党が一つの政権を本当の意味で担えるのかについては大いなる疑問もありますし、現にアジア太平洋政策などの外交面だけを見ていても、結局は社民党がより強力なCDUの影響を多々受けて変質してしまっているのではないか、など疑問もあります。しかし、いずれにせよ、比例代表制で国民の声がより政治に反映され、また、アメリカとは違った形でしっかりとした政権交代があることは、とても良いことだと思います。日本にあるすべての問題の決定的な解の一つは、真の意味での政権交代です。若者の話に立ち返っても、「オルタナティブが実現する」という経験を持つことによって、今と異なる政策を提案することに拒否感がなくなり、オルタナティブ政党を支えることの理解も広まっていくでしょう。

今、立憲民主党では、右寄りの票を取りに行くために、特に外交・安保では保守中道の政策をかかげる傾向にあるように思います。が、そのために社会へのオルタナティブの提示がなくなり、人々の選択肢がなくなって、結果、社会全体がさらに右に移動することになる。そうすると、立憲民主党もさらに今より右寄りの政策を出さねばならなくなることになるという、自分で自分の首を絞める状況になっているように思います。

金平　おっしゃることは分かりました、もちろんそうだと思います。生臭い話になりますが、なぜ立憲民主の一部の人たちは共産党を忌み嫌うのでしょうか。政権交代の可能性により近づこうとするのであれば、連立は現実的な道ではないですか。共産党って、はっきり言えば頭打ちですが、ただ志位和夫委員長のもとで、柔軟になろうという努力は見えてきています。国会なんかの論議を聞いていると、一番まともなことを言っているのは共産党だったりするわけです。それを見ていると、反自民・非自民を掲げる弱い野党の人たちがなぜこんなに仲が悪く、一緒にやっていかれないのか、不思議でなりません。政権交代を本気で言うのであれば、今の選挙制度の下では、大きな連合を作らないと有権者側の選択肢になり得ないことははっきりしているわけですから。

猿田　金平さんの言っているのはまさにその通りなのですが、この8年間を遡ると、評価するべき野党共闘ができたのも事実です。野党共闘が当たり前になってきた8年であること自体は、少し評価しても良いのかなと思います。

白井　評価できますかねえ。8年ですよ、8年。日中戦争が始まってから敗戦に至るまでの長さに相当します。アレコレ理由をつけてグズグズしている間に安倍政権は超長期化したのです。この間、共闘体制の邪魔をしてきた連中は万死に値すると私は思いますよ。政治を変えるには共産党を含めた野党共闘しかないことは、ずっと前から分かっていたわけです。

先程の金平さんの疑問に私なりの答えを言いますと、議員本人に反共主義的な発想が強い人もいますが、多分それ以上に、選挙で実働部隊として動いてくれている地元の支援者の動向を気にしてのことだと思います。連合など支持基盤に共産党アレルギーが強いと、議員本人は踏み込んでやっていきたいと思ってもなかなかできない、そういうことが作用しているのではないでしょうか。でもそれって、議員本人の考えがしっかりしていて、これでやっていくしかないのだと自分の支援者たちを説得すれば済むわけですから、結局、本人に本気の気合がないということだと思います。

米中対決時代の「自発的対米従属」に未来はあるか

猿田　第2回目の鼎談は外交問題を中心に行きましょう。米中対立が激しくなる中、日本はどのような立ち位置を取っていくのか、という点が、目下最大の外交課題となっていますが、まずは、全体の情勢について、私の方から冒頭に問題提起させていただきます。

米中対立が急速に進み、南シナ海や台湾海峡での米中軍事衝突の可能性が声高に論じられるようになってしまいました。対中強硬姿勢が「ワシントン・コンセンサス」と言われるようになり、アメリカでは議会も世論も中国には大変厳しい視線を向けています。トランプ政権末期は中国との「デカップリング」すら掲げ、台湾への肩入れを強化するなど、対中強硬姿勢が目立ちましたが、バイデン政権もそれに続き、相当な強硬姿勢を維持しています。

勢いを増す中国に対しアメリカは相対的に力を落とし続け、アメリカの取りうる手段は多くない。その状況下におけるバイデン政権の対中戦略はひとえに「同盟関係の強化」です。日米豪印のクワッドやFOIP（自由で開かれたインド太平洋構想）などの事実上の中国囲い込みを強化しようとしています。欧州の同盟国にすら働きかけ、今年は、英仏独蘭までが西太平洋地域への軍艦派遣を進めている始末です。

そんな中で日本はというと、「日米同盟の強化そのもの」が安倍・菅政権における外交方針というほどの状況で、自衛隊と米軍の一体化を率先して加速させています。米国の対中戦略に最も忠実な国が日本といってよいでしょう。いや、むしろバイデン大統領就任前には新バイデン政権が中国に対して弱腰である可能性を論じ、それに対する懸念ばかりを日本から発信するなど、米国をたきつけるような立場にすらあるのが日本です。日米の相乗効果でこの流れは加速するでしょうし、今後も、米国から日本へのさらなる「協力要請」という名の圧力も強まっていくでしょう。

もっとも、米国一辺倒をここまで前面に押し出している国は実はアジアでも多くはありません。例えば、東南アジアの国々です。近年、東南アジア諸国は中国の台頭のプレッシャーを日本以上に受け続け、厳しい領土紛争も抱えて、米中対立の「主戦場」ともいわれています。米中の激しい摩擦にはどの国も敏感になっていて、ＡＳＥＡＮ外相会議で、米中を念頭に「ＡＳＥＡＮは地域の平和と安定を脅かす争いにとらわれたくはない」と自制を促すメッセージが発せられたりもしました。

今の東南アジア諸国のキーワードは「Don't make us choose（米中いずれを選ぶのか、迫らないでくれ）」というものです。例えばシンガポールのリー・シェンロン首相は米誌への寄稿で、「アジア諸国は、米中のいずれか一つを選ぶという選択を迫られることを望んでいない」と宣言しました。米中いずれを選んでもマイナスが大きすぎるので、そもそも「選べ、という場面を作るな！」という狭間にある国の悩みを端的に表現しています。

また、例えば、フィリピンなども米中両国間で絶妙なバランスを取り続けています。大変興味深いので少しご紹介します。フィリピンは、戦後、米国の同盟国となり、巨大な米軍基地を国内に抱えていましたが、その後、「ピープル革命」といわれたマルコス政権打倒から外国軍の駐留を基本的に禁止する憲法の制定を経て、1991年に比米軍事基地協定を失効させ、1992年にはすべての米軍基地を撤退させました。これは日本でもそれなりに知られた話かと思います。もっとも、基地撤退後も比米の相互防衛義務を取りきめる比米相互防衛条約は存続し、同盟関係は継続されました。南シナ海の領土紛争もあり、1998年には訪問米軍地位協定（VFA）を米国と結んで、再び米軍はフィリピンに一時訪問できるようになりました。もっとも、フィリピンにおいて、米軍基地を呼び戻そうという動きは今日までほとんど出ていません。フィリピンは「駐留なき安保」を実現したという見方もできるかもしれません。また、昨年、ドゥテルテ政権は米国に対して訪問米軍地位協定の撤回通告をして大ニュースになりました。日本では日米地位協定の条文一つの改定について米国に提案すらしたこともないのではないかとも言われているくらいですから、度肝を抜かれます。他方、ドゥテルテ大統領は、中国との関係については、習近平氏との会談を積極的に行い、経済協力を引き出すなど中国接近策を取っていると言われます。

何で経済規模も軍事力も日本よりはるかに小さいフィリピンが、そんなしたたかなバランス外交に出られるのか。

その背景には、急成長期にあるフィリピン経済にとって中国は欠かせない、という判断があります。また、ドゥテルテ大統領の言うように、中国を打ち負かすことはできないから中国とは交渉を続ける方が賢明、という考えであったり、ロレンザーナ国防相の「私が心配しているのは、(米国の) 保証がないことではない。われわれが求めても欲してもいない戦争に巻き込まれることだ」との考えが存在します。フィリピン人の中国嫌いは日本人以上と言われますが、ドゥテルテ大統領の対中接近政策には幅広い層の人々が賛意を示しており、その理由は「他にどんな選択肢があるのか」というものでありとても現実的な判断です。

アジアの中小国のこのバランス外交と、日米一体化を急速に進め、台湾有事をわざわざ現実のものにするような動きをする日本。中国をターゲットとした敵基地攻撃能力の議論も進み続けています。私は、これら東南アジアの国々の例から、日本が学ぶことは多いと思っています。米国と日本の「利益」は同じではなく、いざ米中の軍事衝突が起きた場合、米国本土が傷つくことはまず考えられませんが、至近距離に位置し、多くの米軍基地も置く日本が実際の戦禍に巻き込まれる可能性は高いのです。私は、日本も、「Don't make us choose!」であると思っています。

私自身は、今の日本外交の最優先順位は、日米の良好な外交関係を保ちながら、「対中包囲網」を米国に作らせないよう働きかけ、米中対立を緩和していくことだと考えています。同盟国の存在意義がアメリカの中で増している現状は、日本がアメリカに対してより発言しやすい環境でもあるはずです。

もちろん、アメリカに対してだけではなく、日本は中国に対しても軍事拡張を振り返らせ、軍事力で他国に圧力をかけることのないよう外交的な働きかけを行わねばなりません。中国の軍拡姿勢は非常に懸念すべき状態にあり、容易に対応できるものではないことは私だって百も承知です。しかし、だからといって日本が軍事力を拡大することで日本が安全になると考えるのは安直に過ぎる。今では中国は日本よりも経済力で圧倒的に優位（名目GDP比で2・5倍以上）にあり、日本が中国に軍事力で対抗しても敵うはずもなく、２０３０年には米中のパワーの差が逆転すると予想する研究者すらいる。実際のところ日本には、中国との外交関係を丁寧に行っていくほか、他に選択肢はないのです。

実は、世論調査の結果では、「日中関係と対米関係の重要性」を問われた日本の人々の半分（48・2％）が「どちらも同程度に重要」と答えています（言論ＮＰＯ「第15回日中共同世論調査（２０１９年）」）。ちなみに、「対米関係の方が重要」は34・8％、「日中関係の方が重要」は4・2％）。マスメディアの派手な中国批判をよそに、フィリピンの人々同様、「中国とうまくやらずして日本の未来はない」と日本の人々も冷静な認識を持ち始め、それが国民の共通理解になりつつあるのかもしれません。もちろん、日本一国で米国や中国への働きかけができるはずもないので、他国と連携してやることが必要でしょう。

とりあえずこの辺で、安保状況全体についての冒頭の問題提起はいったん止めます。

1. トランプ政権からバイデン政権へ、何が変わろうとしているのか

猿田　さて、鼎談に移りましょう。私の話の中でもアメリカの状況について少し触れましたが、アメリカと言っても政府と議会、また、各党内部の動きも様々です。特に、前回の鼎談でも少し触れましたが、近年プログレッシブ（革新）陣営がアメリカで力をつけている。そこに新たな可能性を見出したいという気持ちも私には強くあります。

金平　たまたま僕がアメリカに取材に行った時に、アフリカ系アメリカ人に対する警察の暴圧行為をきっかけに始まった人種差別抗議運動である、ブラック・ライブズ・マターに直面しました。また、大統領選挙について、みんなが投票に行けば政治は変わるかもしれないということで、もう一つのアメリカがアップライズしました。選挙の結果、トランプ氏は敗れましたが、7400万票もの投票を得て、今年の1月、彼の信奉者たちが連邦議会に乱入して4時間も占拠するという事件が起こりました。これは、日本のメディアはあまり敏感に反応しませんでしたが、クーデター未遂に近いとんでもない事件でした。もし群衆がもう少し早く議会に入っていたら、ペンス副大統領とかナンシー・ペロシ下院議長、オカシオ・コルテス民主党下院議員といった人々

がすさまじい暴力行為を受けていた可能性を否定できません。その後、弾劾訴追が提案されましたが、7400万というトランプ支持票がありますから、共和党議員が怖がって弾劾賛成には至りませんでした。しかし、トランプは「キャピトル（連邦議会議場）へ向かえ。アメリカを取り戻せ」と明らかに煽っていたわけですから、あんな指示を出しておいて罪に問われないなど、とんでもありません。

白井　そして、このとんでもないアメリカ大統領を恋い慕っているのが、日本のウヨク層です。天皇崇拝ここに極まれりです。それが極端な形で出ているのが、「Jアノン」と呼ばれる人たちで、大統領選挙では不正選挙が行われたと言い張り、トランプ氏が落選したあとも「そんなことなどあり得ない」と大騒ぎしているのですが、こうした異様なトランプ派がアメリカに次いで多いのが日本です。

猿田　私も大学で教えており、「人権と外交」のクラスを持っているのですが、40人クラスに一人だけトランプを熱烈に支持する学生がいます。あの過激さはどこから来るのでしょうか？

白井　左翼陰謀論者で、トランプ救世主幻想に取り憑かれている人までいます。

猿田　トランプ現象が日本に影響を与えているのは、日本にとってアメリカが白井さんのおっしゃる「国体」ですからある意味当然かもしれませんが、世界で最もアメリカと緊密な関係にあると言われているイギリスであっても、保守派であるメイ元首相もトランプ大統領の言動にはちゃんと苦言を呈していました。そんな中で、安倍首相はトランプ氏の最良の「お友達」となり、

「よく親密な関係を築いた！」と国内では評価されたりもしてきました。

白井　アメリカで大統領がバイデン氏に変わる時まで、安倍さんが首相をやっていれば面白かったのですよ。あれだけトランプ氏に媚びへつらって、仲が良いのだと日本国内でも世界でも宣伝していた人が、トランプ政権がバイデン氏によって全否定されるような状況になったときに、バイデン氏の前で一体どのような顔色をするのか、見てみたかったですね（笑）。

猿田　ワシントン・エスタブリッシュメントと言われる層に属する日米同盟をずっと担ってきたアメリカの知日派の人々は、共和党支持者だったとしてもトランプ政権の政策を批判してきました。その彼らは安倍氏を高く評価しています。トランプ政権が変な方向にいかないように、安倍氏が首根っこに縄をつけて御してくれたからこそ、日米同盟や米韓同盟がなくなったりせず、日韓の米軍基地の撤退もなかった……、と評価している。そうしたことも重なって、アメリカと日本の関係は、日本が対米従属傾向にあるにしても、ある点では、むしろ日本がリードする同盟になったと私は理解しています。アーミテージ・ナイ・レポートの第5弾が昨年12月上旬に出ていますが、そこでも安倍氏をとことんまで持ち上げて、トランプ氏により破壊されそうになった既存の日米関係を「安倍さん、御してくれてありがとうございます」と評価しています。タイトルにも「対等な同盟」とあり、「歴史上初めて日本が米日同盟を主導するか、そうでなくとも、日米が平等な立場にある」とこれまでにないくらいほめちぎっています。アメリカが誤った方向に進んでも、日本が正しい道に戻してくれる、そんな日本頼りの知日派たち。もちろん、日米の関係についてはアメリカが牛耳っている部分はまだ大きいのですが、最近では、世界で最も影響力のある外交雑誌『フォーリン・アフェアーズ』に、「(猿田注：アメリカは)アジアでは日本に従え」という論文が掲載されたりもしています。私が『自発的対米従属』(角川新書)という本を出したのが2017年ですが、たった4年でここまで事態が変化したか、という思いです。

白井 それだけ、既存の勢力から見ると、トランプ氏は何をしでかすか分からない爆弾のようなものだったのでしょう。アメリカの大統領選では、得票数が州ごとに見られますが、トランプ50、バイデン50のように拮抗しているところが多いのですが、ワシントンDCを見ると、政界関係者が多いからということなのでしょうけれども、98対2くらいになっています。かつ面白いのは、ヒラリー・クリントンとトランプが争った時も、ワシントンDCは今回と同じような得票差でした。だから、ワシントンのエスタブリッシュメントは、一度トランプ氏みたいなアウトサイダーにホワイトハウスを奪われてしまい、今回バイデン氏が勝つことによって取り返したという形になっています。

それに対して、トランプ氏を押し出した力もすごいわけで、このままで済むだろうかというと疑問です。共和党系の外交関係者などにはバイデン支持の人もいましたが、トランプ氏の大統領権限が大きいため、共和党員でトランプなんてダメだと言っていた人も選挙後はトランプ氏に追従して、共和党自体がかなりトランプ化してきたと言われます。これからも、没落の不安に怯えている白人たちの恐怖を煽ることによって支持を固めていくという、トランプ路線の継続でいく以外にないのではないかといった状況もあります。しかし、中長期的に見てそんな路線に未来はないでしょう。そうかと言って、ブッシュ・ジュニアの時の戦争気狂いのような共和党に戻るのかというと、そこにも未来はありませんから、共和党自体がオワコン状態なってきているのではないか、という気がするのです。

そう考えた時に、日本の自民党政権が一番安定したのは、アメリカが共和党政権の時代だったと思うのです。言ってみれば、共和党のアメリカの日本支店のような形で自民党が機能していた時に、日本の政権は安定するという基本構図があったと思います。ですから、アメリカの共和党がオワコン化すると自動的に自民党もオワコン化するというメカニズムが働くのではないかと思って見ていたのですが、今の猿田さんのお話は、そこも少し違う話だと思います。安倍政権の振る舞いが、日米同盟、安保体制がおかしくなりかけていたことにブレーキをかけて保たせてきたということですから、その構造が今後どういう方向に動いていくのか、とても難しい話だと思うのです。

猿田　またトランプやそのジュニアのような人が支持を回復して勢いを増し、大統領選挙で再び当選したりすれば、「米知日派らの対日依存」の日米関係が強まっていくでしょう。もっとも、バイデン政権など民主党政権が続いたとしても、米国は力を落とし続けていますから、その意味ではこの地域で「日本を必要とするアメリカ」という要素は増えつづけていくでしょうね。もっとも、アメリカがどちらの道を歩むにしても、日本では変わらず「米国頼り」の状態を強調し続ける外交・安保政策がひたすら強化され、新しい変化は期待できないと思います。むしろ中国の台頭によって「自発的従属」関係ももっと強化され、仮にアメリカが一部別の政策を提案するようなことがあったとしても、日本はアメリカへの依存度を強めていくだけだろうと思います。

金平　猿田さんが言われた、アメリカの動きは、僕も注目しています。トランピズムは大統領選挙後も当分は消えないかもしれませんが、少なくともアメリカでトランプを倒そうとした人たちの力の主軸は、ブラック・ライブズ・マターを担っていたような若いジェネレーションです。そういう人たちの力が世の中を動かしたのであり、それがなければトランプ氏は勝っていましたよ。7400万票というとんでもない得票数で、世が世なら政権が続いていたわけです。それひっくり返したのは、トランプ政治で表面化してきた格差の拡大、人種的偏見といった道義や社会的正義を、こんなメチャクチャな形で壊されて黙っていていいのかということに、彼らが気づき始めたからだと思います。例えば気候変動対策など、トランプ政治からは出て来ようがないわけです。少なくともアメリカでは、そういう動きが内側から出てきましたが、日本にはそうした力が残っているのだろうかと考えてしまいます。

猿田　アメリカってひどい国ではありますが、金平さんがおっしゃるような躍動感のある市民社会も広がっています。4年に1回は政権交代のチャンスがあり、「がんばれば変えられる」という可能性を知っています。オバマ政権は期待されたほど素晴らしかったわけではありませんが、ブッシュ政権やトランプ政権よりはマシで、核兵器廃絶といった理想も掲げた、といった具体的変化を期待して、市民社会が活発に政治に働きかけます。もちろん、サンダース氏のようなプログレッシブ陣営が伸びていることは評価できますが、バイデン政権において、必ずしもその陣営の希望が取り入れられるかは分かりません。それでも大統領選挙や中間選挙で、自分が声を上げることが変化につながるのではないかという期待感が常にあります。社会があきらめることをしません。しかし日本の場合は、民主党政権が失敗したことによって、若い世代特に大学生などは、政治に対して何かを提案するという考えに至らないだけでなく、自分が社会の変化に貢献することの可能性を全く感じなくなってしまっている人も少なくありません。

金平　前回の２０１７年の鼎談では、トランプ政権はこれからどうなるのかといった話が中心でしたが、４年経ってみると、大統領選挙でトランプ氏が負けてバイデン氏になりました。そうすると、対米従属という枠だけから今の外交問題や安全保障問題を語る有効性はいささか古くなったような気がします。それは、コロナのパンデミックが外交概念全体に与えている影響というのがすごく大きいからです。今のワクチン・ナショナリズムといったことを見ても、安全保障を軍備軍事的な面だけから、あるいは地政学的な対中国というものだけからではなく、もっと人類史的な観点からみることが必要ではないでしょうか。僕らが考えているような安全保障は、コロナウイルスによって想像力の限界を示してくれたという側面があるのではないかと思います。

例えば、アメリカも中国も同じように、コロナ・パンデミックの中でパニックになりました。

だけど、中国はそれを強権的に押さえ込んでしまいましたが、アメリカは未だに50万を超える患者数が出ていて収束の見込みが立っていません（対談の3月当時）。つまり、強権的な政治体制と民主的な政治体制を標榜している国の間で、どちらが人類の生存にとって有効なのか、といった哲学的な命題が提示されているのではないか、それが前回話した時と違ってきているのではないかという気がしています。

猿田　そこには別に異論はありませんが、例えば権威主義的な国と民主主義的な国という分け方をした場合、既存の安全保障の枠で議論するような人たちは、民主主義的な体制はアメリカが代表で、権威的な体制は中国が代表で、そのぶつかりあいによる米中対立といったわかりやすい議論にしてしまいます。結局のところ、アメリカの考え方からすれば、ヨーロッパや日本、そこにインドやオーストラリアなどを加えて中国を封じ込めていくといった話に単純化されて、日本の言説もそれに従ってしまっているのではないかと思いますね。

2. 核兵器禁止条約批准をめぐって問われる日本の立ち位置

金平　日本の立ち位置を考える場合に、核兵器禁止条約に対して批准をしない日本というのはどういう国なのか、ということが問われます。核保有国以外では、批准している国の方が圧倒的に多いのですが、日本がどういう方向に進んでいくかという一種の「踏み絵」として、その距離の置き方が問題なのです。それはつまり、歴史の総括ができていないということであり、広島・長崎で亡くなった被爆者には目を向けず、仕方がないことなのだという総括に自ずとなってしまいます。もともと原爆投下による悲惨な事態があったからこそ、核兵器全面禁止条約を世界で作ろうとしているのに、唯一の戦争被爆国である当事者・日本が及び腰になり、それを批准しないとはいったい何なのだ、ということです。世界の流れでいうと、気候変動問題といった新しい価値観を作ろうという動きが強まっていますが、そのためにも、「核兵器禁止条約は批准すべきだ」という声が日本でも広がってきているのは、まともな傾向だと思います。

そうしたことも含めて、安全保障とか米中対決といった問題を論議すべきだという気がしながら、猿田さんのお話をお聞きしていました。

猿田　核兵器禁止条約の批准問題は重要ですね。これまでも国際社会ではたくさんの規範が作られ、例えば、国際人権条約、女性差別撤廃条約、子どもの権利条約などいくつも作られてきて、たくさんの国が批准し、ユニバーサルスタンダードになっていった。核兵器という大変難しい問題について、核兵器禁止条約という大きな流れが作られ核廃絶を支持する声が具体化されてきたことは、高く評価するべきだと思います。

ただ、アメリカの特性に目をやれば、ニューヨークとワシントンは全く違う環境なのです。私はその両方の街に住みましたが、ワシントン（アメリカ政府）はニューヨーク（国連）で起きる出来事などたいして気にもしていません。日本政府は表向きはニューヨークにも配慮しますが、実際はワシントンの顔ばかり伺っています。確かに核兵器禁止を求める運動が勢いづいて、アメリカも中国も囲い込んで世界的に雰囲気を変えていければ一番いいんですが、大変残念ながら、ワシントンでは、この動きを気にもかけない勢力が政治を牛耳っています。日本についても、中国がますます台頭するという状況の中で、米軍の中距離ミサイル日本配備の話も具体化し始めており、核兵器廃絶への市民の声は実際の政治の世界では年々存在感を失っているといえる状況かもしれません。敵基地攻撃能力についての日本の世論調査でも、賛否は拮抗しています。安保法制反対の全国的な盛り上がりから5、6年しか経っていないのに、中国の台頭への恐怖感からか、ニューヨーク的なものよりワシントン的なものへの評価、即ち、軍事力のみに頼る安全保障への支持が高まっているのが日本の実情です。世界では人と人が繋がり、核兵器禁止条約を批准させようという運動が強まっていますが、それとは真逆の方向の勢いが増しているという現実もあります。

白井　日本の戦後平和主義が曖昧にしてきたことが、核禁条約の件で表に出てきたということだと思います。そもそも一方で、国是としての非核三原則は今も生きていますが、同時にアメリカの核の傘の中にはおいて欲しいというのですから、支離滅裂な話です。アメリカからすれば、「いざという時に、うちの核兵器で守って欲しいの、欲しくないの、どっちなんだよ」という話です。

「守って欲しいんだったら、日本の米軍基地に核兵器を配備することはあり得るし、少なくともいざとなったら持ち込めるような設備を置かせてもらうよ」と、これはアメリカからすれば当然のことですよね。日本もそれを事実上受け入れながら、国内的には「核兵器は一切ありません」ということにするために、核兵器持ち込みには日米の事前協議制がありますと言い、これまで事前協議を一度も持ちかけられていないので、日本には核兵器が落ち込まれたことは一度もありません、とか言っている訳です。しかしそんな話がバカ話にすぎないことは、いまや政治的意識の高い人には裏付けられた事実として知られていますし、一般の日本国民にだって、非核三原則とアメリカの核の傘のどちらがリアルなのか、薄々分かってきています。

そういう欺瞞が長い間放置されてきて、自民党政権としては、本当はどこかで核武装したいという本音があったからこそ、核兵器にも技術転用可能な原発の核燃料サイクルも続けてきたのです。10年ぐらい前に出てきた佐藤栄作内閣時代に作られた外務省の文書では、潜在的核武装能力を保つことは邪魔されないのだという方針が、国家意思としてあったということが明らかにされました。その表向きでの平和国家・平和主義と、本音での核武装も辞さずという、そのどちらが国是なのだということをずっと曖昧にしてやり過ごしてきたわけですが、もはやそれができなくなってきたのです。戦後民主主義体制が崩壊しつつある中で、もう本音ベースで行く以外にないという話になってきた、その背景には中国の台頭に伴う国際的な力関係の変化が大きく働いています。

私は『永続敗戦論』を書いた時に思ったのですが、原爆という負の歴史経験があって、日本中が平和のありがたみを心に刻んだという公式的な感覚が戦後民主主義・平和主義を支えてきました。それが「嘘ではないの」という話になってきたとき、ではその欺瞞の根源はどこにあるのかということです。日本は核兵器でやられました、ではその後どうやって生きて行くのだと問われた時、論理的には二通り生き方があるはずなのです。二度と再びこういう目には遭うまいという目的は同じですが、一つは積極的に核武装し、やられたらやり返せ、やられる前にやってしまえ、ということです。もう一つは、戦後の公式見解となっている、私たちは核兵器には絶対に関わりません、ということです。日本戦後の反核世論には、「次は絶対にやられないために」ということが想定されていませんが、それがそもそもおかしいと思っているのです。

今回の核兵器禁止条約の話も、日本の平和主義を本当に貫くのなら、どういうロジックで行くのかということ。首尾一貫したロジックは、北朝鮮を含め周辺国は核兵器を持っている現実があるのだから核攻撃を受ける可能性がある、しかしこちらは一切持たない、丸腰で行くという覚悟を決めることです。われわれは原爆のひどさを身にしみて学んだのだから、それを使うぐらいだったら使われた方がマシだと。それは倫理的な決断ということになりますが、そこまで覚悟しなければいけない。そうして初めて、私は説得力を持てる話だと思います。その原理論が不在だから、現実の国際関係の緊張に流されるままにアメリカに核の傘を強化してくださいと頼み、その一方で非核三原則を捨てたわけでもないと言う、そういう訳の分からないことになっているのが現状なのではないでしょうか。

猿田　日本の建前と現実があまりにずれてきてしまっていますよね。今、核兵器の分野では頻繁にその矛盾が露呈しています。前章でも述べましたが、現在、バイデン政権が「核の先制不使用」を宣言するかどうかが注目されています。つまり、アメリカあるいは同盟国が核兵器で他の国に攻められた場合には核兵器で対応するけれども、自らが核兵器を先に使うことはない、通常兵器でねらわれた場合は通常兵器でしか対応しません、と宣言するかどうか、ということです。これはオバマ大統領も提唱していたことですが、それに対し日本は「お願いですから先制不使用などということを宣言しないでください」と、言いつづけた。バイデン氏は選挙中も、米国の核兵器は核攻撃の抑止や報復のみを「唯一の目的」にすべきだと公約にも折り込んでおり、バイデン大統領がその公約について今後どうするのか、大変注目されています。実現すれば、核分野についてのアメリカの大きな政策転換になります。

他方、アメリカが、中国をターゲットとする中距離ミサイルを日本に配備する可能性が出てきているという問題もあります。2年前ほど前に、核兵器廃絶を旗印にされていた立憲民主党の岡田克也元外務大臣にその話をしたら、「日本はそんなとんでもないことを許す世論にはないからそんな話にはならないよ。大丈夫」と言っていました。それがあれよあれよという間に、今日では、アメリカの中距離ミサイルの日本配備は公然の秘密と言われ、専門家の間では目下の課題として皆が意識をしています。現実化すれば、そこに核兵器を搭載しようと思えばできるようにもなるわけです。アメリカに中距離ミサイルの配備を求められたとき、これにノーと言えるかどうか、今の日本では怪しいものだと思います。

そういう意味では、今後、日本にとっては、踏み絵のようなものばかり突きつけられる4年間になるのではないかと思います。そうすると、「非核三原則なんて無力だよね」「憲法9条ばっかり唱えてもしょうがない」と言いながら、軍事力強化が当然視され、建前が音を立てて崩れていく未来が容易に想像できます。

3. 米朝会談と東アジアの安全保障、日本人の対韓国・北朝鮮・中国観

白井　似たような踏み絵というのは、北朝鮮問題で既に起こっていました。最初はトランプと金正恩が罵り合いをして、これはやばいなという状況でした。これに対して、「ちょっと落ち着いてくださいよ」と、韓国を始め世界中から声が挙げられましたが、日本だけは「100%アメリカと共にある、もっと圧力をかけるべきだ」と言っていました。トランプ大統領は対抗手段について、「全てのカードがテーブルの上にある」という言い方をしましたから、あれは「核兵器の

使用だって辞さないぞ」と言っていたに等しいわけです。

あの米朝危機の時、軍事的にどこまで緊張度が高まっていたのかは、機密も多いから判然としませんが、戦争準備のシフトは相当なものになっていたはずだと思います。実際に経済制裁も強化されましたし、さらなる圧力をかけるなら、もう朝鮮戦争を再開してもいいのだという態度を日本が示したことにならざるを得ない訳です。

猿田　２０１８年2月の北朝鮮が参加した平昌オリンピックが始まる前までの頃、ワシントンでは「ブラッディー・ノーズ」戦略がまことしやかに語られていました。ブラッディー・ノーズ戦略というのは、鼻血が出るくらい鼻先をゴツンと一発殴るという作戦のことを指します。つまり北朝鮮を一発ガツンと攻撃する、ということを意味しますが、それをやろうかやるまいか、街の関係者がこぞって議論していました。その後トランプ氏が米朝対話に舵を切った際、トランプ氏が「アメリカまで届くミサイル（長距離ミサイル）については開発させない」といったことで北朝鮮と手打ちをするのではないかという話になり、日本は「こんな交渉止めてくださいよ、長距離ミサイル配備についてだけの交渉にしないでください」といった態度を取りました。軍事力を減らしていくための話し合いですから、北朝鮮がまず大規模な軍事装備から減らしていくことは推進されてしかるべきなのですが、日本政府としては、そうするとアメリカにとって北朝鮮は脅威ではなくなり、アメリカが北朝鮮から関心を失ってしまうことから、北朝鮮の長距離ミサイル放棄の選択肢を封じ込めようとしました。

白井　トランプ大統領は急転直下で対話路線に転じたでしょ。それで日本では、朝鮮戦争終結宣言が出るかもしれないという観測が広がり、それだけは止めてくれと日本政府はさんざん水面下で工作をしたというではないですか。朝鮮戦争終結宣言が仮に出されれば、形式的なものに見えたとしても、朝鮮戦争が公式に終わるということであり、大変なことでしょ。北朝鮮がこれからどういう国になるかというと、アメリカと国交を結ぶことになり、日本とも国交を結ぶことになりますから、根本的な変化が起こっていくことを意味します。ところが専門家は、「そんなものは出てもたいしたことはありません」などと言っていました。この間の流れを見てはっきりしたことは、日本の対米従属体制を担っている政官財学メディアの中核部分の人たち、つまり「安保国体・永続敗戦レジーム」の中心部というのは、朝鮮戦争は絶対に終わらせてはいけないという考えに凝り固まっていることでした。

猿田　彼らにとっては、今のままの国際秩序でないとダメなんですよね。

白井　これは彼らの歴史的故郷だからなのです。というのは、日本のこの中途半端で奇形的な戦後の国体ができ上がったのは、アメリカによる占領の「逆コース政策」の結果だからです。その逆コースが完全にうち固まったのは朝鮮戦争が勃発したからであって、それがなければ岸信介が総理大臣などにはなれなかったわけです。ですから彼らは、朝鮮戦争が終結したらその歴史的な故郷を失うことになるので、そういうことは起きてはならない、もしそういうことが起きてしまうのであれば、朝鮮戦争が再開する方がマシだとすら思っているのです。トランプ・キム会談は結局、具体的成果が出ないまま終わりましたが、一触即発といった事態はとりあえず遠ざかりました。そうすると、日本はどうしたかと言うと、今度は韓国に矛先を向けたのです。

猿田　そうなんです。日韓関係は戦後最悪という状況になりました。

白井　決定的だったのは、ホワイト国認定の解除とそれに先立つ半導体の原材料輸出禁止でした。もともとは徴用工問題など歴史の精算の問題に端を発しているのですが、それを「安全保障の問題」に持ち込んだでしょ、これは極めて重要なことだと思います。なぜなら、日本と韓国は腹の底でどう思っているかはともかく、アメリカをハブにして準軍事同盟の関係にあり、安全保障上の最も基礎的な利害を共有しているという前提があるわけです。そうした関係にある国なのに、「あなたの安全保障政策は信用ならない、軍事転用できるかもしれない物質の管理がずさんだ」と言った。これは、「基礎的利害など共有してないよ」と宣言しているに等しいわけです。一方で、文在寅政権が何やろうとしているかと言うと、先ず朝鮮戦争を終わらせ、それは簡単なことではないけれども、その先には南北統一まで考えているわけです。

それに対するノーという宣言であり、どうしてもしたいのであれば、韓国の最重要の産業をつぶして経済的に焦土化してやる、という恫喝をかけたわけです。これはやはり、朝鮮戦争を終わらせたくないという首尾一貫した欲望の発露であり、朝鮮戦争が永久に続くことが日本のナショナルアイデンティティだということが明らかになったということです。もう既に踏み絵は踏んでしまい、平和主義なんてくそくらえ、ということですよ。

金平　白井さんの話を聞いていて、反省を込めて言うんですが、米朝のトランプ・金正恩会談とは何だったのか、ということです。あの時、世界中のメディアは、あのいがみ合っているトップ同士が会うこと自体に意味があるんだと言って歓迎していました。あの時僕は、韓国にいました。文在寅大統領の安全保障担当の側近、文正仁（ムンジョンイン）統一外交安保特別補佐官に話を聞いたら、「われわれの究極の目的は南北統一なので、朝鮮戦争の終結に行き着いたら本当にいいことだ」と手放しで評価していました。そうしたテレビパフォーマンスに、僕らも乗っかっていた側面がありましたね、今から考えると。

白井　そうでしょうか？　私の知る限り、日本のＴＶ局で「これで朝鮮戦争が終わるかもしれない」といった期待感を醸し出したものなど一つもなかったと思いますが。トランプ政権で唯一良いことがあったとすれば、この会談によって、朝鮮戦争は終わるかもしれない、いつかは終わらせなければいけないということを、世界に知らしめたということだと思います。

金平　本当にそう思いますよ、現実的に朝鮮戦争終結宣言の直前まで行ったのですから。アメリカ国内でも、リベラルの民主党はもちろん、敵がいなくなると困る保守派ですら、一種の期待感がありましたから。

それにしても、日本で基調になっている「嫌韓」とか「反中国」という感情はすごいことになっていますね。中国や韓国、朝鮮半島に対する日本の優位性みたいなものを無前提的にしたこの感情は、国民の中に定着してしまっています。４年前の平昌オリンピックを前にした頃は、友好ムードもあるにはありましたが、今や中国に対してはほとんど主敵扱いです。安全保障論を専門にしている人たちは「民主主義の敵だ」として包囲網を作ろうとしているし、リベラルな政治家たちでも「とは言っても、中国はひどいからね」といった話になっている、その変化は何だろうと思うわけです。

教えている大学の授業中に、中国の脅威について話していて、ハッとさせられた経験があるんです。「中国の北京政府は、香港にも台湾にもひどいことをするね、特に香港の一国二制度に対して自治権を破壊しようとするのは全体主義国家のすることじゃないだろうか」といった話をフランクにしていたら、中国の留学生がすごく反発してきました。「じゃあ、一国二制度はなぜできたんですか、それは植民地制度との妥協策としてできたものであって、あれが良いというあなたたちの根拠は何なのですか」と言われた時に、僕は「えっ」と思いました。確かに、一国二制度は植民地主義の遺物であり、中国は西洋諸国や日本に侵略された遅れた国だという前提が僕らには刷り込まれていますから、今の中国が歴史的な発展を遂げていることに対して、分を超えた、あって欲しくない方向であり、これは包囲しなければいけないのだという思い込みややっかみにとらわれているのではないか、ということです。

中国は植民地、被侵略国から自立して、今や日本のGDPの2・4倍になり、世界中にいろいろな製品を供給し、ものを作るというサプライチェーンの基本を一番よくやっているわけです。アメリカにしても、ウォールマートに行けば中国製品頼りであり、一次製品の多くは中国から来ています。日本の原発の作業員が着ているタイベックス防護服だって中国が作っているものです。これに対して僕らは、脅威だ、拡張主義だ、覇権主義だと無前提的に批判をしていますが、歴史的な原点を踏まえなければならないのではないでしょうか。なにしろ中国は人口が多く、もの作りに集中し、その影響力を行使して対外政策を行っているのですから、それによって世界の動向が影響されるのは避けられません。世界大戦後は、アメリカがどうなるかによって各国が左右されましたが、同じ構図が生まれつつあります。民主主義を否定した覇権主義を批判するに際しても、そこを踏まえなければならないと感じています。

猿田　確かに、一国なのに二制度というのは変な話だし、植民地支配の過去についてはその通りで、日本人ももっとそこは理解しなければならない。歴史的に見れば、香港が中国と異なる統治体系の中にあるべきでない、それはその通りです。もっとも、一連の香港の民主化運動弾圧の経緯においては、香港の民主主義的な体制そのものを香港の人々が評価をしているという前提が西側諸国でシェアされていて、それが潰されようとしているから中国に対して反発をしているわけですよね。仮に中国が欧米が認めるような民主主義国家であった場合に、欧米諸国がまったく同じように反発していたかというとそんなことはありえない。また、香港の人たちが中国の権威主義的体制について賛成の態度を取っていたのであれば、これまた今のような状況になっていないわけです。あるいは、中国の人権状況が今よりよければ、中国には外交におけるソフト・パワーももっとあったでしょう。アメリカがひどい国だ何だと、いろいろ問題はあるにせよ、国際社会の中において中国のソフト・パワーは完全に欠落している、という点が覇権国アメリカと決定的に違うんだと思うんですよね。

中国がもし民主主義社会だったら――まあいろんな分析から、「民主主義国家は民主主義国家とは戦争をしない」ということは、疑義もありつつ国際関係論では一応のセオリーになっていて、そうすると中国もそんなに無茶なことはしないだろう、という他国からの傾向分析も進むことになる。また例えば、ミャンマーで軍がクーデターを起こしたときに、アメリカが「じゃあ制裁します」って言って、世界が「アメリカよ、制裁してくれてありがとう、ビルマの人たちも制裁を望んでるよ」みたいな感じになりますが、中国に対してはそんな期待はない。コロナ禍を経て、如実にその違いが露呈され、結局やっぱり「権威主義国家vs.民主主義国家」の戦いという形に国際社会の構造が落とし込まれてきた、というまとめになってしまうのではないでしょうかね。

金平　権威主義国家と民主主義国家という国家形態の間に、ある種の進化過程を設ける発想があってもいいことは否定しませんが、その際に注意しなければならないのは、遅れている国と進んでいる国を単純に仕分けて、進んでいる国が遅れている国を叱る、といった構造で考えていいのだろうか、というようなことを懸念しているのです。それはむしろ、入り組んでいると思うのです。僕らの国の有り様を見ると、大方は先進国だと思っているかもしれませんが、先程来話し合ってきた通り、政治体制にしても官僚制度にしても、より優れた体制なのかということまで考えざるを得ない状況です。選挙制度のない中国の方が、かえってコロナ対策が進んでいるということを見ても、人の命を守るということに関して言えば日本はすごく遅れています。

猿田　確かにコロナで言えば、アメリカでは1日30万人も罹患して沢山の人が亡くなっていますが、中国ではコロナを抑え込み、既に、夜のクラブに何百人も集まってマスクを外して踊っている映像も流れています。そうすると、じゃあ管理された国の方が人々は幸せなのか、どうだろうか、といった議論になりますよね。

金平　人類の社会のシステムや価値観の進化を振り返ると、面白いことも見えてきます。白井さんも評価している斎藤幸平の『人新世の資本主義』(集英社新書)でも、「文明崩壊の危機の唯一の解決策は潤沢な脱成長経済だ」と述べています。僕らが抱いている「あらまほしき社会」、つまり理想社会＝ユートピアは、最大多数の最大幸福を求めて、みんながこれでいいよねといった感じで進んでいける社会だと思います。ウイルス感染に関して、中国の方方(ファンファン)が『武漢日記』に書いていますが、「弱者を取り残さないように配慮をしている社会」をみんなで共有できることが大事なんじゃないでしょうか。アメリカについて言えば、民主主義国家であっても、コロナ感染症に絶対に罹からないような一部の人たちと、多数が罹かってしまうような貧困層とが同居しており、「弱肉強食なのだから、弱いものが犠牲になるのは仕方がない」といった価値観は、トマス・ホッブスの言う「万人の万人に対する闘争」的な世界とか、自由放任な競争原理を至上とする自由主義に逆戻りするような価値観であり、コロナでそれが露呈したのではないかと思っています。

猿田　中国において、コロナ感染の心配もなく、食べ物の心配もないというのは本当かもしれませんし、日本国憲法25条でいう健康で文化的な最低限度の生活が保障されるなら、中国のようなあり方もありなのかもしれないとは思います。しかし中国において、少数民族のウイグルなどを見ていると、権利が奪われ、多数から漏れ落ちた少数が健康で文化的な最低限度の生活すらできていないわけですから、やはりこの体制を支持するのは難しいのではないかと思いますが。

金平 誤解されると困りますが、僕は今の中国の社会体制がいいなどと思っているわけでは全くありません。ああした体制は冗談じゃないと思いますよ。ただ、世界の国々の有り様を考える場合、二者択一的に固定化して見るのではなく、長い歴史の流れの中で、多様性をありのままに見ながら、その中で日本のあり方を考えたいから、僕はこういう話をしているのです。

4．「自発的対米従属」に向かう日本と国民精神の衰退

金平 日本という国は、大統領が民主党にふれようが共和党にふれようが、どちらでもいいからアメリカに無条件についていきます、という態度です。オバマでもヒラリーでも、トランプでもバイデンでも、誰でもいいんです。その奴隷根性は、自分たちの道義や、白井さんの語法に従うと「国体」が構造的に空無化している、あるいは衰退しているところから生じたものです。その

反動として、アジアの近隣諸国に対しての根拠のない優越意識、蔑視が続いています。これは、日本の近代化が脱亜入欧で西側の猿真似的な植民地主義に走り、とてつもない間違いを犯したわけですが、その教訓が僕らの中で共有化されていないからです。だから徴用工の問題にしても、韓国の裁判所の判決が出ても、とにかく問題外だと聞く耳も持たない対応を取るという、とても恥ずかしいことになっています。

慰安婦問題にしても徴用工問題にしても、国際司法裁判所に提訴しても、簡単に勝てると思ったら大間違いです。国際司法裁判は、被害に遭った側、人道上の見地から物事を組み立てて解決を図ろうというのが流れになっています。ところが日本は、「そういうことを言うのはタカリだ」みたいな感じで相手を初めから見下すような考えになっています。しかし、民主主義に対する理解度といったことについて言うと、残念ながら台湾とか韓国の方がずっと進んでいると思います。なぜこんなふうになってしまったのかを考えると、とっても絶望的になる時があります。ただ、それとは違う動きが内外で出てきていることには、学ぶべきところがあるという気がしますがね。

白井　私は思うんですが、歴史というのはどこかでバランスが取れるようになっているんだなぁと。それはどういうことかと言うと、第二次大戦でひどい敗戦をしたにもかかわらず、東西対立と地政学的な絶妙の位置取りによって、比較的速やかに復興ができて経済大国の一員にまでなり、アジアにおける唯一の先進国という立場を取り戻すことができた。ですから、敗戦というのをある意味なかったことのようにできた。これって、身に過ぎた幸せだったのですが、その代償というか副作用というものが、今ものすごく表れていると思うんです。

金平さんから、韓国や台湾の民主主義と日本の民主主義の現状についての比較のお話がありましたが、韓国や台湾の人々は、自分たちの国は自分たちのものであり、それをどうすべきかは、自分たちで決めてやっていくべきなのだという、根本的な欲望を持っています。それに対して、日本の民主主義がここまで腐敗してきたのは、それが欲望の次元で根本的に衰退しているからです。むしろ逆に、自分が自分の運命に対する主体でありたいという欲望をどう遠ざけるか、どうやって主体たることを回避するか、そのためだったらどんなに込み入った理屈でも考えます、というのが日本人のやっていることです。そんなところで民主主義だの国民主権だのが、あり得るはずがありません。これだけの差がついてきたのは、韓国や台湾は、戦後過酷な権威主義体制が敷かれる中で、どうにかしてその体制を打ち倒して民主制を作っていこうと、大きな犠牲を払って苦労してきたからです。その果実として今の民主主義体制があり、コロナに対してもきちんと対応できるわけです。だから歴史のバランスは取れるようになっているのだということです。

こう考えた時に、前にも言ったように、日本の破壊・崩壊・腐敗は行くところまで行くしかないと思います。その決定的な一撃は外からの力ということになりますが、中国の大国化によるパワーバランスの根本的な変化をどう見定めるかです。これは、先ほども金平さんがおっしゃったように、複眼的な見方をしなければならず難しいのですが、「主人と奴隷の弁証法」ということなのではないかと考えます。先進国住民というのは、疲れること・面倒くさいこと・くたびれることはなるべくやりたくないと思っていますから、汗水たらして働かずに、金融などで上前をはねて生きていこう、という思想になってきます。これに対して、中国人は血の汗を流して働きまくり、物を作って先進国へ供給してきました。それで、アメリカや日本などは「よく働く奴隷じゃのう」と言って喜んでいたのですが、２００８年に先進国の経済がクラッシュを起こしました。

中国のポジションがこれだけ上昇した決定的な転回点は、リーマンショックが起きた時だったのではないかと思います。それは、世界大恐慌には至らずに封じ込めたのですが、これには中国の力が貢献しました。アメリカが世界一の軍事力を振りかざして威張っていても、チャイナマネーがなければ自分たちのシステムを回すことができないということが、あそこではっきりしたのです。そこから10年も経つと、中国もその蓄えてきた力を自己確認し、奮い立ってくるわけで、そういう中で香港の問題も起きてきたのだと思います。中国からの留学生と話しても、もちろん一枚岩ではなく見方も違いますが、一般的な傾向として、対外政策に関しては、北京の政府と方向性や価値観を共有していると感じます。

猿田　皆、見事に同じことを言いますよね。

白井　それは中国共産党のプロパガンダという面はありますが、それ相応の根拠がなければ共有はされないでしょう。それに、外国に出てくるような学生は優秀でよく勉強し、物を考える力を持っているにもかかわらず、中国共産党の支配は嫌いだと言う人はいても、対外的な関係に関しては共産党と見方をシェアしているケースもかなり見受けられます。それは、この１００年、

200年の経験を見ると、欧米列強にずっと支配されてきた苦難の歴史があり、やっとこの数十年で盛り返して肩を並べ、今ようやく上に立とうとしているんだという、この過程における彼らのナショナルプライドの高まり方には強烈なものがあるということだと思います。

香港の問題にしても、「血を流してでも言うことを聞きたくないと言っている人に、無理矢理言うこと聞かせるのは良くないんじゃないですか」と言っても、いやあれは外国の勢力が入ってきてどうのこうのという話になってしまいます。そこに幾分の真実があるとしても、その理屈を使うと何をやってもOKということになってしまいます。スターリンが政敵を滅ぼしていった時の理屈と同じですから。

香港の次は台湾です。台湾を傘下に治めなければ中華人民共和国は完成しないという強い物語を持っていますが、武力でそれをやるとなったら大変なことになります。尖閣諸島の問題がありますが、あれは日本に対してはジャブを放つくらいのことで、本気で実効支配をするような意図があるのかどうか疑問でしたが、最近の動きを見てみると、台湾併合の前哨戦になっているという気配です。まずは尖閣を片付け、アメリカも日本も手出しができない状況を作って、今度は台湾だというふうに組み立てようとしているのではないか、と見えてしまいます。それについて、中国自身がどう考えているのか本音を知りたいですね。もちろん中国にも内部には対立・葛藤はあるはずですが、なかなかこれを知る伝がありません。その点、猿田さんは情報をお持ちですか。

猿田　中国の人々の意見に関しては、北京に行っても、中国共産党に関係する基本的なことでもなんでも、シンクタンクや学生団体など、団体や人によってもちろん濃淡はあり、日本に対して過激な批判をするな、とか、ちょっと物言いがソフトだなということはあっても、方向性は皆さん同じですね。中国との付き合い方一つとっても考え方が様々分かれる日本社会で生きている人間としては、気持ちが悪い思いをします。日本でも考えの偏りはありますし、無関心層が多いのも現状ですが、一応は、自民党右派的な考えから左翼まで、真っ向から対立する意見も社会に明らかに存在し、その間のグラデーションもありますが、中国の場合はそういうことは見られません。

尖閣諸島を台湾の前哨戦として位置付けているとは思いませんが、トランプ政権の末期に何が変わったかというと、米中対立が激しくなる中での台湾の位置付けです。米中対立、特に軍事衝突に発展しかねない紛争は、近年までは、南シナ海の領土紛争を巡る問題が中心でした。中国にとっては、そこも譲れない利益ではありましょうが、より確固たる核心的利益として明確になってきたのは香港やウイグルであり、このところ台湾の比重が大きくなっています。これまでは中国との関係悪化の限界を意識しながらの台湾へのテコ入れだったのが、トランプ政権では、台湾への武器輸出を強化するとか、政府高官が台湾を訪問したりするなど、中国との関係の悪化も辞さない、という姿勢です。中国そのものとの関係についても、中国企業を排除したり追加関税をかけるなど、デカップリングをも追求する姿勢を取っており、それはコロナ禍において一層激しくなりました。バイデン政権についても、台湾の駐米代表を歴史上初めて就任式に呼んで、政権初日から強いメッセージを出しています。あれは、議会の中での共和党向けの要素もあるでしょうが、対中政策の基本方針はトランプ政権と同様、強硬路線を維持することの表明でもありました。ですから、台湾問題はこれからも米中対立の「主戦場」の一つとなり、今後、熱戦になるのではないかということも言われています。台湾の方でも民主進歩党が支持を集め、若者を中心に独立思考が強くなっており、中国とは相容れないという方向性が強まっています。アメリカの中国敵視、台湾急接近の展開には私も強い懸念を抱きます。

白井　台湾では、一方で国民党が大陸中国に接近していますから、ねじれが生じているんですね。国民党は、自立なんてどうでもいいから、戦争はしたくない、商売はしたい、そういう感じでしょうか。

猿田　話は変わりますが、トランプ氏はいろいろなものを壊しましたが、幾つかの原点も思い出させてくれました。日本に関して言えば、前にも述べた通り、大統領選挙の時、駐留経費を全て払わなかったら日本から米軍基地は撤退させると言い、日本は焦ってそれを実現させまいとした、ということがありました。北朝鮮問題でも、シンガポールでの金正恩さんとの会談の後に、トランプ氏は米韓軍事演習を中止すると言い、それにもっとも反発したのは日本でした。そういう意味では、トランプ発言は、国際社会には常識を覆すいろいろな可能性があるんだということを示した点で、自分たちを見直す良い契機にもなりました。もっとも、そういう状況下にあっても日本は、核の傘でアメリカにすがってアメリカの核兵器先制不使用に反対し、米軍基地の撤退に反対するばかりで辺野古新基地建設ひとつにも苦言を呈することもなく、朝鮮戦争の終結に対しても異議を唱え、現状維持のための火消しに懸命でした。

別の言い方をすれば、現状の既得権益にしがみつく層と、それを変えようと動く層の対立構造が、トランプ氏がいろいろな可能性を提示してくれたお陰ではっきりしてきたとも言えます。世界には、それが変化として結実しているところもありますが、こと日本に関して言えば、中国の台頭を大きな負のエネルギーにして、今までの対米従属的権益について変化を許すまじとする力が圧倒的に強くなり、元来あった変化の可能性すら潰すことになっています。アメリカ一辺倒を相対的な関係に変え、アジアの国々とうまく手を繋ぎ、中国もそこに引き込むような外交政策の転換だってあるはずです。安全保障で言えば、最重要な国であるアメリカとは今まで通り良い関係を維持しながら、協調的安全保障の枠組みを作って、アジアの安全と発展を見出していくという方法だってあり得ます。しかし、トランプ大統領に追随したふりをしながら、他方で彼が示した様々な可能性を断ち切り、今までの路線になにがなんでもしがみつく、それが今の日本なのかなと、私は思っています。

白井　その通りだと思いますよ。1990年代末に拉致問題が出てきた頃を振り返ってみると、あの時に小泉訪朝が行われました。後に小泉純一郎氏は回顧していますが、日朝国交正常化がその時の主願であったと。拉致問題はもちろん大変なことだからなんとかしなければいけませんが、国交正常化交渉をやる中でその問題も解決していこうという腹づもりだった、と言っているわけです。金正日と会った時に、「核兵器とかミサイルは止めて、経済発展に力を入れた方がいい。あなたの国だって、戦争準備を止めれば、苦しい状態から脱して豊かになれるじゃないですか」とも言ったとしています。小泉さんは回顧録ですからカジュアルな言い方をしていますが、これは大変なことです。戦争準備を止めるというのは、外交的には、根本的には朝鮮戦争を終結させるということでしょ。これを相手がどう受け止めるかと言えば、戦争の関係当事国である北朝鮮・韓国それからアメリカ・中国、そして近隣である日本やロシアを全部巻き込んで、日本も協力するから終わるように話を持っていこうじゃないか、という提案だと受け取るでしょう。しかし小泉さんはおそらく、そんなことまでは考えていなかったし、その覚悟もなかったと思います。しかも当時、アメリカは9・11の直後に対テロ戦争を始め、ブッシュ・ジュニアが「悪の枢軸」を言い出して、その中に北朝鮮を入れていたわけですから、ひょっとするとイラクの次は北朝鮮潰しにいくのではないかと恐れられていた時期です。だからアメリカは、小泉首相が北朝鮮と交渉することに対して強い難色を示しました。敵視政策を取って圧力を強めようという時に、日本が北朝鮮と国交を結ぼうなどというのは、アメリカにすれば余計なことで、やって欲しくない話ですよ。それをあえてやったということは、日本がイニシァチブをとって、朝鮮戦争問題を終わらせようという意欲を見せた、というふうに客観的な構図としては見られるのですが、実態としてはそんな覚悟はなかったのです。だからこそ、拉致問題では酷い回答が出てきました。確認した人数も少ないし、うち大半はもう亡くなっており、亡くなった理由も納得できないということで、日本の世論は沸騰し、国交正常化の話はあっけなく頓挫してしまうわけです。

そして日本は、小泉訪朝の直後に、イラク戦争に出ていきます。西ヨーロッパ諸国は批判・反発を示していたのに、あえて日本はアメリカを支持するということで自衛隊を派遣し、ブッシュを喜ばせました。これはどうも、日本の外交当局としては、北朝鮮問題でアメリカの機嫌を損ねたので、その償いをしなければいけないということだったみたいです。もしそこに戦略があるのなら、イラク戦争で恩を売る代わりに北朝鮮問題についてはわれわれの青写真でやらせてもらいたいという取引があってもよかったんですが、全然そんな風には見えないわけです。小泉さんは政権末期にブッシュを訪れ、プレスリー博物館でブッシュファミリーを前にしてプレスリーの物真似をして良い気分になった、というのが日米の蜜月の象徴として報道されました。あの時のなんとも言えない嫌な感じの正体が最近ようやく分かりました。イラク戦争で恩を売って何を得たのかと言えば、国としての自主的な外交をする権利ではなく、小泉さんがアメリカの大統領と家族ぐるみの付き合いをして仲良くなりました、ということに尽きます。安倍晋三的な国家の私物化はここから始まったと言っていいかも知れません。だからあの頃には、まだ日本が主体になって東アジアにおける東西対立・冷戦を終わらせる試みの萌芽はあったわけですが、今となってはそんな試みがあったこと自体が信じられない状況です。そこまでこの20年間で落ちてしまったのです。

金平　猿田さんと白井さんのやりとりを聞いていて思ったのは、トランプという人の頭の中にあるのは、ディプロマシー（外交）ではなくてディール（取引）なのだということです。彼は外交的なセンスとか知識はゼロに等しいですが、大統領補佐官を務めたジョン・ボルトンが暴露しているくらいですから、相当無茶なことをやっていたわけです。基本的な知識は欠如していても、儲かるか儲からないか、こうやると金が浮くぞ、といった話にはものすごく敏感でした。沖縄から米軍基地を引き上げるとか、米韓合同演習を止めるといった話も、全て金ベースの話です。日本の防衛費負担については年間80億ドルだと、今までの4倍もの金額をふっかけてきたでしょ。

猿田　そうですね。トランプ氏は、それ以前の選挙時には、駐留経費全額支払いに応じなければ全ての在日米軍を撤収させると脅しましたが、日本政府は「そんなとんでもないことをなぜ言うんだ」という反応になりました。私たちリベラル派からすれば、日本社会におけるブレインストーミングとしては意味のある投げかけであり、「では、そんなに多額の費用を払ってまで米軍に日本にいてもらうのにはどんな意味があるんだろう」と考える好機でもあったと言えるでしょう。「普天間基地の海兵隊をお返しする分、日本の費用負担も減らしますね」位の交渉をすべきだったと私は思っています。もちろん、日本の安全保障の在り方をしっかり議論する契機とすべきであったというだけで、トランプ氏の駐留経費4倍増し請求が素晴らしい提案だったといっているわけではありませんが。

金平　あの時、生前の翁長雄志さん（沖縄県知事）が、少し心をときめかしましたでしょ。沖縄の基地問題でも何かやってくれるんじゃないか、と。厳しいことを言えば、僕はそれも、形を変えた対米従属だと思っているんですけど、残念ながらね。トランプ氏はいろいろなオプションを提示してくれたという意味では頭の体操にはなったかもしれませんが、ただそれだけであって、そこに何か希望とか可能性を見出すという考え方には、僕は与しません。トランプ氏はアメリカの二つの流れからもはみ出していますが、「アメリカ大好き」であり「アメリカファースト」であって、アメリカのポンコツな枠組みを壊したということはあったかもしれませんが、本質的には彼は金儲け主義であり、ある種のポピュリズム・ナショナリストとして人気を保っていたのだろうと思います。

それから、小泉訪朝の評価ですが、当時の外務省アジア担当の中には田中均氏など何人か優秀な人がいました。僕は外務省の人たちから直接聞いたんですが、彼らは朝鮮半島と日本の間に残っている最後のトゲを抜きたいと本気で思っていました。だから、北朝鮮との国交回復まで視野に入れて動いていたことは確かです。その後、こうした官僚は雲散霧消して、田中均氏などは国賊扱いされるようなとんでもないことになりました。それはおそらく、日本の中枢には、朝鮮半島の北半分についてはどうしても敵にしておきたいという勢力があったということです。その点で、蓮池透さん（元北朝鮮による拉致被害者家族連絡会事務局長）も言っている通り、拉致問題は政治的に利用し得る格好の枠組みという側面がありました。拉致問題は、国が命じて、スパイ育成のために日本の何の罪もない市民を拉致した明明白な国家犯罪ですから、これを使ったわけです。その後この枠組みは、今に至るまで朝鮮半島問題解決の進展を妨げています。拉致に遭った被害者の方たちは本当に気の毒だと思いますが、一部政治家の政治利用を見抜けず、今の形で拘泥している限りは、おそらく何も進まないと思います。

尖閣列島問題に関して、台湾の前哨戦として中国側が出てくる可能性があるというお話がありました。これも歴史的な経緯から学び取らなければいけないことがあります。一つは、僕は、キッシンジャー極秘訪中に同行したウィンストン・ロードという人の話を最近アメリカで聞いてきました。

白井　それはすごいですね。

金平　面白かったですよ。この人はシンクタンクで稀に講演したりしているんですが、多分自分の年齢を考えて、きちんと記録として残しておきたいと思ったのでしょう。あの時に、台湾としか外交関係がなかったニクソン政権が、キッシンジャー大統領補佐官を使って極秘外交をやり、トップ会談にこぎつけました。それで、台湾から中国に乗り換えた訳ですが、とにかくSF小説を読んでいるような目まぐるしい動きですよ。カンボジア国王のノロドム・シアヌークやパキスタン人脈を使ったり、ウィンストン・ロード（元在中国米国大使）さんの奥さんは中国系アメリカ人ですから、アメリカ国内の中国人脈やネットワークを使ったり、そういう離れ業みたいなことをやって、本当に米中国交正常化をやってしまった訳ですから。これに置いていかれた日本は、そのあと田中角栄が慌てて追っかけていって、国交回復は日本がアメリカより先になってしまいました。これにキッシンジャーは怒って、ニクソンとの秘密会談録では、田中角栄のことを、「上前を盗んでいったやつだ」みたいな言い方までして、口汚く罵っています。

白井　その経過は、春名幹男さんの本にも詳しく書かれていますよね。

金平　そうですね、これがその後、アメリカのキッシンジャーが田中角栄をロッキード事件で引きずり落としたという陰謀論の発端にもなったとされています。これは単純化し過ぎで、僕は違う反証も幾つか掴んでいますが、春名さんはそこまで検証されている訳です。

また尖閣問題では、1972年の日中国交正常化直後に行われた田中角栄と周恩来の会談の中で強いメンションがあって、この会談録は外務省にも残っていますが、領有権については、今決めると障害があるから、ここでは話し合わないで棚上げしましょうと、次の世代に先送りするところまで言っています。ところが日本政府は、棚上げの事実自体をいつからか否認しているのです。この棚上げ論は、当時のNHKのニュースも、TBSのニュースも、読売新聞の社説も、全社報道しているにもかかわらずに、です。

白井　公然たる事柄だったのですよね。

金平　日中間では尖閣の領有権については棚上げしようと合意していたのに、尖閣は歴史的にももともと日本のものだ、と言い出した最初のきっかけは、野田政権が尖閣の国有化宣言をしたことですが、これはまったく浅慮と言うべきです。僕自身も直接聞きにいったんですが、日中国交回復当時の外務省の中国課長でさえ、「あの時はそれについては話し合わないことになっていたんです」と、カメラの前で言っているのです。歴史的事実を改竄しねじ曲げ、あったことをなかったことにするというのは、道義的にも絶対にやってはけないことです。それが今や国会の答弁でも、「歴史的に我が国固有の領土である」としているのは、とても良くないですよ。

猿田　これは、外務省の中のムードがそういう風にさせているのか、世論の右傾化の強さがそうさせているのか、政治家の圧力でそうなっているのか、それはどうなんですか？

金平　両方だと思いますね。世論の力と政治家の動きが相乗的に働いているのだと思います。また外務官僚は、外交官としての主体性がなくなってしまい、政治家の使い走りになってしまっています。これは、専門性とかプロフェッショナリズムに対しての軽視であり、本当に良くないことだと思います。外からの、人間では抗えない力によってしか世の中が変わっていかないとしたら、とても残念です。

前に触れたことがある奴隷と主人の弁証法の話で思い出しましたが、僕の好きな寓話に、魯迅の「賢人と奴隷と馬鹿」という有名な作品があります。奴隷がご主人様に対して、「私の家は陽も射さないジメジメしたところで困っています」と訴えますが、ご主人様は何も言うことを聞いてくれません。賢人に相談しても、「ずっと待っていれば必ずいいことはあるよ」と言われ続けます。それで馬鹿に相談したら、「分かった」と言って、その家の壁をどんどん壊し始めました。奴隷は怖くなって仲間に通報し、「私はこんなことは頼んだ覚えがないのに、馬鹿が壊し始めたのです」と言いました。そこにご主人様が駆けつけて、「お前はよく通報して、家が全部壊されるのを防いでくれた」と言い、その奴隷をもっと良い小屋に住まわしてくれました。そこに賢人が来て、「ほら見なさい、良いことがあったではないか」と言います。馬鹿はそれで捕らえられるのですが、その状況を変えたのは馬鹿なんです。だから、馬鹿の行動はとても重要で、理不尽なことがあった時に、それに立ち向かう力になるのです。

これは、ブラック・ライブズ・マターでも、気候変動でも、香港の自治破壊でも、ミャンマーの軍政化でも、それに対する抗議の行動を起こしている人たちに共通して言えることだと思います。そういう力は、僕らの中でもかつてはあったのだと思います。ポスト安倍とかポスト菅という次のビジョンを考える時、日本にそうした息吹が見えてこないのは、死んでも死に切れないくらい残念なんです。こんな世の中にして、それを次の世代に残していくというのは、絶対に嫌です。シニカルになるのは簡単なのですが、何をやってもダメだ、このままで終わっても仕方ない、などとは最低限、思いたくないですね。

5. 米中対決の狭間にある日本外交のあり方を問う

金平　今まで論じてきた対米従属は日本特有のものかと思っていたら、西谷修さんが監修していたエティエンヌ・ド・ラ・ボエシの『自発的隷従論』（ちくま学芸文庫）に出会いました。これは、権力論との絡みでいうとても面白い分析で、現代社会を読み解く上で有力な武器になっています。「自発的隷従論」という言葉は、今の日本の社会の構造にそっくり当てはまります。菅政権のもとで起きていることは、旧態依然どころか、安倍政治では一応近代国家であることを装おうとしましたが、そういうものさえかなぐり捨てています。そうした日本の中に埋め込まれているアメリカに対する構えは、歴史学者の指摘に待つまでもなく、黒船以来、外敵には敵わないからそこに屈していくというところに、淵源があるのでしょうね。

猿田　当面の外交関係で予想される展開は、今回の鼎談の冒頭にも述べたとおり、中国はどんどん力を増していき、アメリカは相対的には力を落としていく中で、既にバイデン政権に現れているように、日本やオーストラリアなどの同盟国やインド、東南アジア、さらにヨーロッパすら巻き込みながら、対中国包囲網を強めていくというものです。日本はその一番の腹心として振る舞い、特に要請されなくとも、時にはアメリカが望まない場面であっても、対中包囲網を強力にしていく路線を取っていくのだと思います。中国の勢いが止まらないわけですから、東南アジアの国々も、既にアメリカと中国いずれを選択することもできず、むしろ選ばせられたらミャンマーやカンボジアなどは中国を選ぶという結論を出さざるを得ないでしょう。はたまた香港の問題では、国連人権理事会で、多数の国が中国の香港問題に対する態度について支持を表明し、その数は、中国を批判する国の倍近くに及ぶという状況も起きています。

どこかの時点で、台湾あるいは南シナ海で、アメリカ陣営と中国陣営が軍事衝突するという事態にならないとも限りません。世界レベルでは今はまだアメリカの方が強力な軍事力を持つ覇権国であっても、米国は全世界に展開しており、この地域に限れば既に中国の方が強い可能性もあると言われたりもしています。中国が地域覇権国の地位を確立していった時に、長いものに巻かれろ「日本君」は、どこかの時点で「じゃあ僕は、もう中国についていくよ」と急遽切り替わったりするんじゃないの、なんていう人もいます。そんなことが、20年後、50年後にあり得るんでしょうかねえ?

金平　それは分かりませんが、中国がさらに拡大して世界の中で影響力を強めていくのは、ある意味不可逆的な気がします。人口は多いし国土も広い、影響が強まるのは止められないですよ。いま中国の政治体制は中国共産党独裁ですが、中国内部で、こんなシステムはもう保たないからと、内側から変わっていく契機があるかというと、しばらくはないですね。

猿田　枝野幸男さんの対米ネット会談設定のために、先日、米国の中国専門家の動向を徹底的に調べまくりました。その後、実際に会談も開いて彼らの話を聞いたのですが、かつて対中エンゲージメント派と言われていたいわば「知中派」の人たちでも、その寛容政策を捨てて強硬になっているか、寛容政策は捨てないけれど既に今の中国の振る舞いについてどうすることもできないと諦めている人を含めて、全体の空気を覆う「中国が今後変わることはないだろう」という無力感の浸透度はすごいですよ。いわゆるハト派の人からタカ派の人まで、通底した諦め感を抱いています。

金平　面白いですね。バイデン政権の対中政策は、前の政権の強硬姿勢からそんなに変わっていません。ただ、例えば、ウイグルなど少数民族の問題や香港問題については、どうでしょうか。ウイグルでは収容所を作ったりしてひどいことになっており、バイデン氏はそれを人権問題として重視していますが、それを表立ってことを荒立てていくかどうかと考えると、強硬姿勢を貫けるかどうか判断できないところがありますね。

白井　ただ、場合によっては今年中にも一気に緊迫化する可能性もありますよね。北京五輪への参加問題で、ボイコットを呼びかけている人たちもいますから。

金平　主にボイコット呼びかけている人たちは、ヨーロッパが多いですね。ウイグルの問題でヨーロッパへ亡命した人たちが声を上げています。

猿田　中国に対する強硬姿勢には大きく分けて2つのパターンがあります。一つは、かつてからある、人権を侵害するものに対しては声を上げなければならないという、人権派を標榜する民主党的な人たちです。もう一つは、経済的にも軍事的にも拡大している中国のパワーに対してとにかく対峙していこうとする人たちです。当面は、後者の強硬姿勢が維持されるのでしょうが、トランプ氏にしても軍事的な攻撃を仕掛けたわけではありませんし、台湾に対して積極的に武器を輸出しましたが武力行使に出たわけではありません。ただ武力衝突は、多くの場合どちらかが狙って起きるものではなく、ちょっとしたきっかけから一気にエスカレートしていくものです。バイデン氏も軍事衝突を狙って行動に出るとは思いませんが、テンションが高まることで偶発的衝突、そこからの一気に悪化する有事（戦争）、という展開は大いにありうるでしょう。人権の問題については、世界が一丸となって中国にものを言ってほしいですが、実際にはそうなっていないという現状もありますね。

白井　国連の場で人権侵害に対する批判の決議が採決できないのは、中国の方が外交力を発揮しているからで、端的に言ってカネの問題ですよ。中国からすれば、かつての欧米の先進帝国主義国家の時代は終わった、あいつらは侵略して富を収奪してそれらの国々から恨みを買っているだけだ、われわれはそれとは違い、カネを配りまくって感謝されているのだから、いざという時に味方になってくれるかはどちらに正当性があるのかということだ。こういう思考だと思います。

金平　猿田さんの最初の提起にありましたが、フィリピンがとった米軍基地の撤去と米中両国へのしたたかな外交は、フィリピンの人たちの素朴な反米感情を反映しており、面白いなと思いました。例えば、中国が投資を注力しているアフリカでの中国の影響力は抜き差しならないくらい強くなっており、そこにアメリカや日本が割り込もうとしてもできなくなっています。同じように、発展途上にある国から中進国にも恐らくもっと影響力が強まってくるのだろうと思います。今の世界の動き方の構造で言うと、先進国と言われていたグループが、グローバリズムの広がりの中で、白井さんの言葉でいうと、汗水流して働かず、国内に外の人を入れる時も自分たちはやりたくないところを請け負わせて、国内植民地のようなものを作っています。そうなってくると、欧米先進国の時代の終わりとも言えます。20年という単位で見た時には、そういう方向に進んでいくのだろうと思います。

白井　その通りですね。

金平　そう考えたら、脱植民地論とか第三世界の話は、中国との絡みで注目されなければいけないことになります。今のコロナの話にしても、ワクチンが後回しになるのはそういうところで、その人たちはなぜ私たちが後回しなんだろうと思うでしょう。また、ナイキとかアディダスといった一流ブランドの製品を低賃金で作っているのは自分たちなのに、これを先進国で売って儲けているのはおかしいではなか、という話がだんだん分かってきます。ミャンマーでは、クーデターを起こした軍部が、反抗する人たちを武力で抑えようしてたくさんの死者が出ていますが、軍の想像も及ばないようなSNSの通信手段で情報が共有され、その話が広がって人が集まり、海外の人たちとも交流しながら抵抗しています。中東でも、アフガンやシリア、レバノンの難民キャンプなどを取材しても、貧しい人も含めてみんな携帯電話ですからね。2年前に、レバノンの難民キャンプでシリアからの難民の人に話を聞いたのですが、家族はノルウェーの難民収容施設にいて、携帯電話でSkypeを使って生き別れになった家族と話しているわけです。つまり生き別れになっても、同じ地球にいる限り、難民同士がSNSで繋がっているわけで、現実は僕らの想像力より先に行ってしまっているのです。もちろん負の側面もありますが、それって世界的な単位で考えれば、希望だと思いますよ。

猿田　そのことで言うと、国境を巡って二面性が伺えますね。国の中の話に拘泥せずに、国境を超えて手を繋げる人がいるのなら、そうした人たちと横に繋がりながら世界を変えていった方が良いではないかという気がします。その半面、コロナ対応では、民間団体がやれることは限られており、国の役割が強くなっています。

中国が台頭していくという文脈では、「中国対何々」と、国という単位が余計に強調されます。韓国にしても中国にしても、良い人はたくさんいるのに、国としては嫌いだから韓国とも中国とも付き合いたくないといった様相が広がって、二面性が強くなっていますね。

金平　民間の力というものも大きな役割を果たしています。核兵器禁止条約についても、ＩＣＡＮの人たちの動きは大きく、説得力がありますから、日本政府だってまともに反駁できないではないですか。市民同士の交流も、ＮＰＯ・ＮＧＯベースの方がよほど活発で、国連で四の五のやっている以上に世の中をきちんと動かす力になっています。

白井　難しいなと思うのは、90年代のグローバリゼーションの広がりの中で、極論すれば主権国家体制は終わっていくのだと言われましたが、現実はそうなりませんでした。２０００年代以降になると、むしろ主権国家の権力の強さが必要なのだという話もありましたが、主権が弱体化していることも事実です。それは情報の分野で見ると分かりやすいかもしれませんが、例えばウィキリークスが約25万件の米外交公電をサイトで公表して大きな騒ぎを引き起こしたのが、イラク戦争・アフガン戦争の後の２０１１年前後だったと思います。この創設者であるジュリアン・アサンジは信念を持ったアナキストで、国家を破壊するという思想に基づいて活動をしていましたから、国家の側からは「最悪の危険人物である」として、ずっと軟禁されてきました。果たして、国家はああしたものにどう対抗していくのだろうかと観察していくと、テクノロジーが国の主権を毀損していく流れ自体は止められないのではないかということで、それをいかに統制下に置くか上手く利用するというところに焦点が移っていったと思います。それで、あの提供された情報は反米的色彩が強く、アメリカの不利益になるようなものばかりだから、ウィキリークスの中に反米的国家のエージェントが入り込んでいるのではないのか、という観測を述べた人もいましたが、それは大いにあり得る話です。その後、２０１３年に、元ＮＡＳ職員のエドワード・スノーデンが、アメリカが世界中の通信データを傍受しているという実態を暴露しましたが、その後彼は実質的にロシアに囲われました。反米活動をやった彼の身を守ってくれたのは、反米国家のロシアだったということになります。ですから、主権国家というものはそう簡単には乗り越えられないのだということがはっきりしてきて、ウィキリークスの反国家的で主権を毀損するような暴露の後にやってきたのは、むしろその国家が主導してやっているサイバー戦争の方に重点が移ったわけです。だから、どんなにラディカルなハッカーも、結局は国家が「ちょっと君、明日からうちのために働いてもらおうか」という感じで取り込まれてしまう、そうならざるを得ないメカニズムがあるのだということがはっきりしてきたのが、この10年くらいの動向だったのです。

猿田　アサンジはアメリカで機密漏えいなどの罪で起訴され、イギリスで捕まり、そこで拘束されているんじゃないでしょうか。たまに、アサンジのために何かできないか、といったメールが海外から回ってくることがあります。

金平　第5次アーミテージ・ナイ報告書でも、基本的には今までの流れと変わらなくて、同盟内の日本の自主的な役割が増しているという感じですね。日本側についていうと、20年かけてアメリカの期待に追いついてきたと、倒錯した評価になっていました。バイデン政権になってから、アメリカのシンクタンクでいうとＣＳＩＳ（戦略国際問題研究所）が戻ってきたわけでしょ？

猿田　ワシントンのシンクタンクの影響力は元に戻ると思いますが、民主党系シンクタンクという意味で、ＣＳＩＳというよりはＣＮＡＳ（新アメリカ安全保障センター）やブルッキングス研究所、アメリカ進歩センター（Center for American Progress）の方が政権に人材を輩出していますよね。

金平　日米の安全保障の関係強化をうたってきたマイケル・グリーン氏みたいな人が前面に出てくると、ブッシュ政権の時と同じような感じになってしまいます。特に沖縄問題は動きませんね。

猿田　オバマ政権時代の国務次官補（東アジア・太平洋担当）であったカート・キャンベル氏がバイデン政権の国家安全保障会議（ＮＳＣ）のインド太平洋調整官に就任し、オバマ政権で国務副長官だったブリンケン氏が国務長官に就きました。オバマ政権時代のバイデン副大統領の安全保障補佐官だったジェイク・サリバン氏も大統領補佐官になり、バイデンが副大統領だったオバマ政権時代からバイデン政権の外交・安保の基本路線は変わっていません。しかし、それに、中国に対して厳しく対峙する、という要素が加わっていますので、軍事的緊張が高まることこそあれど、緊張緩和にはならないですね。

白井　バイデン政権になって首尾一貫性が出てくるので、日本が置かれるまた裂き状態はより厳しくなりますね。トランプ氏は、首尾一貫性がないというか、一方では中国に対しては制裁を強めながら、日本に対しては中国との付き合い方をどうしろとは言ってきませんでした。だから、日本が習近平を国賓待遇で迎えようとしたり、親中派の二階俊博氏が自民党の重要なポジションに就いても、ケアしませんでした。それがバイデン大統領になると、ほっておいてくれなくなると思いますから、日本は、安全保障問題ではアメリカとの関係を一層追求しながらも、商売のことを考えると、日本資本主義の構造からして、中国とは付き合わないという選択肢はあり得ないわけです。コロナの初期でも、国境を閉じれば良いのに、中国からの観光客のお金が欲しくて、いつまでも開けていましたよね。

金平　日本政府は米軍基地を沖縄に集中して押し付けてきましたが、その経緯を見ても、返還協定の中には「核抜き本土並み」がうたわれ、基地の減少という方向性は出ていたわけです。それが、安全保障上の環境を鑑みるといった訳の分からない理屈で、既成事実を押しつけられ続けてきました。なおかつ、危険な普天間基地の代替施設などと言いながら、大規模な新基地を作るということになってしまいました。これって、日本人であるあなたたちは、何のためにこんなことをやるのですか、ということです。だいたい、米軍基地建設と言っても、工事の主体は日本政府であり、国民の税金でやっているのです。何十年か後にもしできてしまったら、僕たちの子孫がひどい目に遭う訳です。フィリピンでさえ、クラーク基地を返還させたのですから、やってできないはずはありません。

白井 国民の意識のレベルでもそんな感じだし、政治の世界もそれに比例するように現状を固定化する考えしか出てきません。自民党にはもう希望もありませんので、立憲民主党に目を向けたくなります。昨日たまたま観た、YouTube の番組で山口二郎さんが、政権交代を成し遂げるために枝野は覚悟を決めてやれと喋っていました。その際に、政権交代した時の閣僚をリストアップしていたのですが、外交防衛は岡田克也氏氏と野田佳彦氏の名をあげていました。外交防衛は継続性が必要だからあまり極端に変えるわけにはいかないからだというのですが、山口二郎さんですらこんなことを言っているのかと思って、私は心底呆れたんです。

猿田 野党が外交のオルタナティブを出せるように、学者の方々や私たちが上手く代替案を出して背中を押していかなければならない。リベラル派の外交政策は、どうしてもソフトで、弱く聞こえてしまうという傾向は古今東西共通です。保守派の外交政策は、イージスアショアに何千億出してすごい買い物をするとか、実際にそれが役に立とうと立つまいととにかく強く聞こえます。しかし、それを繰り返してもこの地域は全然平和にならない。私の新外交イニシアティブ（ND）では、保守派に配慮もしながら、「軍事一本槍ではダメだ。外交をちゃんとやれ」という提言書「抑止一辺倒を越えて（nd-initiative.org/topicst/9367/）」を柳澤協二さん、半田滋さんたちと作ったのですが、これも戦いの一つです。

白井　その点では、朝鮮戦争の終結をアピールして行くのも重要だと思います。トランプ・ショックといいましょうか、朝鮮戦争を終わらせてノーベル賞でももらおうかみたいな感じでやろうとして、結局うまく行きませんでしたが、もしそれが成功していたら、確かにノーベル平和賞に値するような話だったわけです。ところが日本では、自民党はもちろん大反対で、野党もそれに賛成の態度表明をしたところはありませんでした。メディアでも沖縄の新聞の社説が、それが大事だという論陣を張っただけでした。永続敗戦レジーム、戦後の国体というのは、すなわち朝鮮戦争レジームであり、朝鮮戦争の影響でできた体制ですから、これが終わればすごく大きな影響があるはずなのです。

金平　ただ、朝鮮戦争の引き金は東西冷戦でしょ。冷戦構造とは何かというと、社会主義イデオロギーがまだ人類の希望を叶えるよすがとして生き残っていた時代のことで、それは１９８９年の冷戦の崩壊とともに否定されたわけです。その後にアメリカの一強という形になり、グローバリズムが広がって一元的な価値体系になりました。今また、米中の「新冷戦」みたいなことが言われていますが、中国は共産主義ではなく国家資本主義であり、この無敵の資本主義がこれからずっと続くわけでしょ。その時に日本の外交を考えると、日本の主体性というか、スピリチュアルなまとまりを繋ぐ先進的な外交哲学がなくなって久しいわけです。まぁ、高度経済成長時代とか冷戦時代には日本の独自外交も多少はあったかもしれませんがね。例えば、中東の中では、広島・長崎を経てきた日本が一時的にせよ影響力がきわめて強くなり、尊敬に価する国だとして良い関係にありましたが、今は微塵もありません。アフリカや東南アジアについても、経済進出みたいな嫌な形でしたが、影響力は結構ありましたが、今はそれもないわけです。そして、隣国の中国や台湾、韓国や朝鮮半島に対しては、何の根拠もない優越感をいだき、ヘイトに近いようなことを言い続けているのが現状でしょ。

立憲民主党だけでなく、日本の中に、外交哲学やビジョンがないわけですから、それを何とかしないといけないと思うのか思わないのか、ですね。外交というのは、人と人とが対等に付き合うことによってお互いが育くんでいくものであり、自国の身の処し方を対外的に示していく点ですごく大事なのですが、今はそれが全く感じられません。オリンピックぐらい重要な外交案件はないのに、その大事なことを誰一人言わず、誰もリスクなど負いたくないから、決まったものなのだから今まで通りのレジームでやろうよと、みんな人の顔色を見ながら同じ方向に行こうとしています。オリンピックについては、僕らが話し合っている間に（あるいはこの本が出るまでに）結論が出ているでしょうが、僕は個人的には、中止すべきだと思います。

第Ⅲ章

コロナ禍で何が変わり、何が変わらなかったか

猿田　今回は、ここ1年以上続いているコロナ禍に関連して、安倍・菅政権の対応はどうだったのか、社会に何をもたらしたのか、一連の社会変容にどう対応していくのか、お話ししていきたいと思います。まず金平さんから、問題提起をお願いします。

1. コロナはパラダイムシフト的変動を強いている

金平　この第3回目の鼎談は、明日でちょうど、2011年の3・11から10年というタイミングで行われています。僕はよく覚えているのですが、東日本大震災と福島第一原発事故があって、これでいくら何でももう原発とはおさらばして、日本という国の生き方も変わるのではないかと思っていました。ところが何が起きたのかというと、メディアも含めて時の民主党政権の菅直人首相を引き摺り下ろし、そのあとの民主党政権があまりにもお粗末だったために、結果として2012年に安倍自民党が政権に返り咲きました。2006年の第一次安倍政権では、安倍氏はお坊ちゃんですから、お腹が痛くなって、1年足らずで退場したわけですが、その後にできた第二次安倍政権は憲政史上最長を記録しました。そしてその最中に、2018年に出版された『白金猿』（かもがわ出版）をめぐって3回の鼎談が行われました。

猿田　前回の3回の鼎談は、２０１７年9月末に国会解散があり、民進党が希望の党に合流し、保保二大政党になるのではないかという危機感もあり、また、その中で立憲民主党が生まれる、といった激動の渦中に行われました。そして、総選挙が終わって行われた3回目の頃には第四次安倍政権が発足し、それ以前に存在していた政党が様変わりするという状況でした。

金平　いろいろ動きのあった時でしたね。そこで安倍政権はいつまでもつのか、ポスト安倍政権の対抗軸はどうあるべきかをめぐって論議が交わされました。それが今では安倍政権もトランプ政権もなくなりましたが、コロナの蔓延がなければ生き残っていたのではないかという気がします。それで、今回は何を最優先にして考えるべきなのかということを自分なりに考えてみたのですが、前回の3回の討論を踏まえていうと、大前提のところでの考えのすり合わせがちゃんとできていたのかということについて、ちょっと不安が生じたのです。そこで僕らが話していた前提とか枠組みが無効化してしまったのではないか——そう言ってしまうと元も子もないのですが——ということであり、それがコロナなのではないか、ということです。安倍政権がどうだったとか、菅政権がどうなっていくかとか、新しい野党再編はあり得るかといった、永田町をめぐる現実政治の動きについては既にお話ししましたが、もっと大きな地殻変動というものを考えてみたいのです。

要は、コロナはパラダイムシフトというか、僕らの考え方の枠組みの地殻変動的なものを引き起こしているのではないかと思っているのです。「パラダイムシフト」というのは、科学史家のクーンという人が出した概念ですが、その最中に僕らはいるのではないか。その時に昔の枠組みで話をしても、この本が出る頃にはもしかすると有効ではなくなっているのではないか、そのくらいに思っているのです。ですから、ここではただそれまでの枠組みを確認し合うのではなく、新しい言葉で考え、新たな発見をし合うような関係ができないかな、と考えているのです。

猿田 なるほど、ではそのお考えを現時点の到達点で構いませんので、ご報告いただけませんか。

金平 それで僕は、この激動の時に何か指針を与えてくれるようなものはないかと、手探りで本を何冊か読んでみました。その中で、おそらく将来にわたっても歴史的に位置付けられる文章だと思うものを2つだけ挙げておきます。1つは、京都大学で農業史をやっておられる藤原辰史さんが去年の4月、「B面の岩波新書」というWEBマガジンに、コロナパンデミックを考える際の指針のような文章を投稿しました。

猿田 私も読みましたが、当時、すごく広まっていました。

金平 こういう冷静な議論が、学問やアカデミズムの世界から出てきたのはよかったと思います。要は、歴史の教訓をきちんと汲み取ろうということであり、100年前に甚大な被害を出したスペイン風邪の時の社会的、構造的な変化は、今のコロナを見る場合に役に立つのではないか、ということです。こういう議論は、地殻変動が起きていることの一つの証なのではないでしょうか。

もう一つは『武漢日記――封領下60日の魂の記録』（訳本は河出書房新社）という本を書いた

中国の文学者・方方（ファンファン）です。おそらく中国の文学者の中でも少数派ですが、まともな人です。今、中国では、国家はこうやってコロナを封じ込めたといったプロパガンダ一色に染まっていますが、この人が書いている文章は歴史に残るようなものです。学問や出版の力が感じられて、よかったと思っています。

それに僕は、安倍晋三氏が政権を放り出した経緯についての取材に加え、ドナルド・トランプ氏が敗れた大統領選挙を現地で取材することができました。トランプ氏は負けたとはいえ、アメリカの2つの側面の1つを代表しており、7400万人が支持したわけで、いまに至るまでその影響力を保持しています。アメリカの場合はトランプ氏を倒したという側面がありましたが、日本の場合は僕らが倒したのではなく安倍氏が逃げたのです。いずれにしても、この2人の退場に共通している一番大きな要素は、コロナだと思います。安倍氏の場合は第II章でもすでに述べた通りですが、一方、アメリカでは、コロナによって郵送による事前投票が1億人を超えました。投票所が密になって感染したくないということでしょうが、郵便投票のうちの圧倒的多数はバイデン氏に投じられました。

猿田　確かに、2人の政策の中身が問われたと同時に、コロナという外からの力によって退場していったという側面を見逃すことはできないでしょうね。

金平　それで、パラダイムシフトということで考えた時に、最初に問題提起しようと思ったのは、コロナと各テーマを「と」でつないで考えてみると、そこからどういう想像力が喚起されるかということです。

まず「コロナと医学権力」ということです。これはフランスの思想家ミシェル・フーコーらの著作を引くまでもなく、医学は命に関わる学問ですから政治権力と結びつきやすいのです。現実問題として、厚労省と、専門家会議と称する医学専門家という人たちの関係を見ていると、医学の政治権力との結託の仕方は実に醜悪、みっともないと感じます。中国はともかく、アメリカの場合はまだ医学専門家がいくばくかは独立性を保っていますが、日本では医学権力と政治権力の典型的な癒着、結託を目の前で日々見せつけられているわけです。それに対してメディアやアカデミズムが切り込んでいく批判的な思考がなくなってしまっています。昔、構造主義を信奉してフーコーを持ち上げた人たちが、なぜ今の事態に対して黙っているのか、もっとアクティブにものを言うべきじゃないのかと思ったりします。

次に「コロナと差別」です。これを文明史的だという意味は、ペストなど歴史上のパンデミックの諸事象を考えると、病気と差別は必ず結びついていた経緯があるからです。例えばペストの場合は、ユダヤ人が原因だと、魔女狩りみたいな形で特定の人たちに結びつけられています。今度のコロナの場合では、病気にかかった人は、本来救われるべき対象であるにもかかわらず、まるで忌み嫌うべきものであり、その人たちとその家族を攻撃するようなことにまでなっています。これは日本が本当の意味で近代国家なのかと考えたときに、悲しむべき状況と言わなければなりません。それについて、僕が身をおいているメディアは鈍感であり、むしろ差別する側を煽るという、ちょっと信じられないような状況が確かにありました。感染防止に奔走している医療従事者がなぜ差別されなければならないのか、わけがわからないですね。

「コロナと憲法」は別途どこかで論じることにしまして、「コロナと経済」についてですが、コロナが全く沈静化していないのにＧｏ Ｔｏキャンペーンを強行するのを見ても、経済再生とコロナ対策を同時にやらなければいけないという思考になっています。だいたい、なぜ経済再生担当大臣がコロナの担当大臣になるのか、そんなことをしている国は他にないですよ。これなどすごく象徴的な出来事で、戦後の日本人のＤＮＡが、銭儲けをすることを刻印されて生きてきたのだ、経済が立ち回らないと困るでしょう、といったとんでもないことになっています。これはきっと、後世の人たちからすれば、この時代の人たちはよくこんなことを許していたね、ということだと思います。経世済民というもともとの経済の概念を極限まで矮小化し、銭が回らないと生活は立ちいかなくなる、足りない部分はお上が配ってやるという、近代国家とは言えないようなことが繰り返されているわけです。このコロナと経済ということについては、安倍政権から菅政権に至るまで一貫したものであり、野党もこれに対してオルタナティブな考え方をちゃんと持ち得ているのだろうか、と心配になります。

「コロナと文化」についてですが、文化活動というのは、映画、演劇、音楽、絵画、詩や文学などが、政府が使った用語で言うと「不要不急」なものということにされてしまっています。その対極にあるのが「エッセンシャル」という言葉ですが、人間が生活を営む上で不可欠な、医療、清掃、流通、消防・警察などの人たちに対しては建前上、配慮しているようにふるまい、文化に携わる人たちに対してはまるで戦時下の文化統制みたいなことをやり、それに対する補償も全く不十分なままです。去年、同じ敗戦国であるドイツのメルケル首相が、文化に携わる人たちの保護についての有名なスピーチを行いましたが、これを何度も聞き返してみて、なぜこんなに違うのかなと痛感しました。日本では、文化に関わる人たちは〝河原乞食〟のようなものであり、不要不急なのだからと手を差し伸べるようなことは全く眼中にない。こういうレベルの人たちが為政者であるということに対しては、情けないというか、もう文化国家などと自称することはやめた方がよいと思うくらいひどいです。

あと「コロナと次世代」ということに関して言うと、今の若い人たちもさすがに、希望を持ち得ないような状況です。白井さんも僕もいま大学で教鞭をとっていますが、学生たちのポストコロナはどんな時代になるのだろうということを考えると、すごく悲観的にならざるを得ません。コロナ禍においていろいろなものが破綻してしまったことのツケがどんどん先送りされてしまったら、新しいものが芽生えるきっかけが見えてくるのでしょうか。欧米の若い世代の中からは、例えば気候変動の危機を考えるグレタ・トゥーンベリさんのような人たちが現れています。「あなたたちの言葉は私たち次の世代のビジョンに対して有害である」といった言葉と行動に、僕は希望を持ちたいと思います。

これに関連して、脱成長といった、文明史的な見直しを考える新しい観点が出てきていますね。

白井さんや白井さんとも対談をしている斎藤公平の『人新世の「資本論」』（集英社新書）など、マルクスを再読し、資本論の復権や新しい社会主義といった形での再評価がなされているということに、僕は少なからず希望を抱いています。成長をひたすら求めて行き着くところまで行き着いてしまった資本主義的経済活動、儲けを求めるために自然資源を飽くなきところまで使い果たそうとしている人間の営為が、今のパンデミックや気候変動を引き起こしているのではないか、という文明史的な見直しです。そういうある種の考える作業と、政治の場面で起きている現実をいかに結びつけるのか、そのことが大事になっているのではないでしょうか。

コロナ禍でひどい目にあっている人たちに対して、格差是正にとどまらず、格差そのものがおかしいのだという考えで動いている人たちが日本でも出てきていますし、そういう動きを後押しするようなジャーナリズムやアカデミズム、出版・言論活動に携わる人たちの力がまとまっていけばいいのかな、と思っています。

僕らが、前著『白金猿』で言っていた問題意識はそれなりに切実でしたが、今はその切実さを上回るような状況が生起しています。例えば、コロナの時代の安全保障を考える時に、その枠組み自体が古くなっているのではないか。軍備をどう増強するのか、米軍の駐留経費をどれだけ負担するのかといった、中国に対する軍事的な封じ込めだけで問題の解決を図っていくような考え方自体が問われています。パンデミックにおける安全保障という問題でいえば、持てる国と持たざる国の間でのワクチンの取り合いの方が喫緊の話になっています。そうした外的な変化が押し寄せてきていることについての認識が共有化されていないのではないでしょうか。

白井　私には、日本の若い世代では二極分化が起きてきているように見えます。金平さんがいまおっしゃったように、これまでの価値観、常識、当たり前とされてきたシステムが、根本的にもうダメだという烙印を押されつつあることに敏感に反応している若者たちがいます。しかし、彼らは少数派です。だから、現在のところ、いまのシステムに対する異議申し立ての声が大きなうねりとなって聞こえてはこない。

なぜそうなっているのか、少し歴史的なスパンで見る必要があるでしょう。昭和元禄は、まずシラケ世代を生み、バブル食い逃げ世代を生み、ロスジェネ世代を生みました。その間、社会不安・生活不安と閉塞感は高まり続けました。結果、私の世代（ロスジェネ世代）を覆っている圧倒的な政治的雰囲気は、冷笑主義です。左翼も右翼も下らないよね、みたいな。

それで、いまの若年層になると、冷笑する余裕すらなくなって、巨大な不安にただひたすら耐えることだけが人生になってしまったのかもしれない。不安の極大化は当然と言えば当然ですね。さまざまな意味で、国や社会の在り様を見直さなければならないのに、そこから逃避して、オリンピックと万博開催で盛り上がればなんとかなる、というようなのが日本の決定権を持っている世代が出した答えなのですから。ここまで酷くなると、不安の源泉をとらえようとか、システムに対して抵抗しようという気力というか、そうしたことが可能だという想像力すら失われてくるのでしょう。いまだこういった精神状況が若年層では優勢であって、海外のジェネレーションZ

の台頭などとは対照的な状況にある、というのが私の見方です。

そんな状況がコロナ禍でどう変わるのかが問題ですね。10年前にこの国の権力の在り方、社会の実情がどんなものなのか、私たちはすでに見せつけられたわけです。それでいま、同じものを見せつけられています。それでもまだ爆発していない。

ですから、もっと本格的な変化を求める動き、資本主義社会や近代社会を根底的に批判して乗り越えて行こうとするような動きは、まだこれからだと思います。現在の異常なまでの不活性、生命力の減退が克服できたとき、何かが始まるのだろうとは思いますが。だからこそ、私は『武器としての「資本論」』で「感性」の話をしたのです。政治的プログラムを立てるとか、新自由主義を乗り越えるための思想を練り上げるとか、そういったこと以前に問題がある、と。人間の感性という最も基礎的なレベルで人間がおかしくなっている。そこから立て直さないと何も始まらないと思うからです。

2. 戦後レジームの末期症状はコロナでより鮮明になった

猿田　冒頭に「コロナによる変化」という視点から、金平さんから問題提起をしていただきましたが、白井さん、この点についてはいかがでしょうか。

白井 そうですね、前提が変わったのではないかというのが金平さんのご意見だったと思います。確かにそういう面はありますが、私は根本的にはあまり変わってないと思っているのですね。というのは、以前の鼎談でも、いわば安倍体制、あるいは戦後レジームは末期的になってきている、という見方がわれわれの間で共有されていたと思います。その末期的な状況がむしろ、このコロナ禍を巡ってますますもって明らかになっている、今そういうプロセスの中にいるのだろうというふうに私は見ています。

まず安倍氏が辞めた直接の理由というのは、まさに金平さんがおっしゃるとおり、逃げ出したということです。彼自身が無能であり、彼が率いる政府も無能なので、何をやってもうまくいかない。で、嫌になって逃げてしまったのだと思います。では、なぜそんなにひどいものでしかないのか、私は実は全然驚いていないのです。日本の政府はコロナに対して世界で2番目くらいに予算は使っているのですが、収束のめどが立っていません。日本で新型コロナの重症者や死者が少ない要因を、京都大学の山中伸弥教授は「ファクターX」と名づけましたが、幸運にして今までのところ感染率そのものは高くなく、死亡率も諸外国とそれほど変わらないようです。その理由ははっきりとはわかりませんが、この程度で済んでいるというのは非常に運がいいわけです。幸運に助けられているというだけの話であって、コロナにまったく対処できていないという実態に変わりはありません。これまでも、不正、腐敗、無能を晒してきた体制でしたから、安倍から菅に変わったけれども、その本質たるや、安倍さん抜きの安倍政権だということですから、やはり全くもって無能だと言わざるを得ません。

世界的に見ても、こういうパンデミックが出てきたときに、例えば中国はロックダウンを強烈にかけ、行動規制をやって押さえ込んでしまった。それは中国が権威主義的体制を用いてやったのだと言えばその通りです。一方で、例えばニュージーランドなどもハードな行動規制をかけて封じ込めに成功していますが、中国とニュージーランドの体制は全く違います。ニュージーランドは世界的に見ても民主主義の模範のように見られている国ですが、やっている対策は似通っています。従って、こういうパンデミックをきっかけに、体制の原理を問わず、権力一般の在り方そのものが変化をしてきているのではないか、という見方ができます。それが、フーコーに由来するような権力観に基づいた観察であり、分析だということになると思います。

しかし、いま日本で起きていることは、もっと別次元のレベルが低い問題だと思います。世界中どこでも、この問題に関する専門家の人たちがしかるべき権限を与えられて、様々な対策をして、それがうまくいったり、いかなかったりしているわけです。しかし日本の場合は、感染のシミュレーションをしたりしてコツコツ指摘や警告をされる専門家の方はいますが、それが政府に届かない。

典型的なのは、検査抑制論です。世界的にみて、コロナ対策としてＰＣＲ検査がもっとももあてになる手段だとされていますが、感染初期において、このＰＣＲ検査を大規模にやろうという提案があったにもかかわらず、体制が整っていないからとか、それは万能ではないとか、諸々難癖をつけることによって検査をあえて抑制する方針が取られたわけです。私自身も専門家ではありませんから、そういう面もあるのかなという感じで見ていたわけですが、これはおかしいのではないかと、だんだん分かってきました。やはり世界のどの国でもやっているように、ＰＣＲ検査を飛躍的に増やして無症状の感染者をあぶり出し、それを面的に捉えて対策を講じていく、こういう方法しかないのだということが、私のような素人にも理解されるようになっています。ところが、未だにこの国の政府は、面的な検査を大々的にやる体制を作ろうとしていません。しかも腹わたが煮えくりかえるのは、検体を一つ一つ機械に手で入れて、ほら時間かかります、ＰＣＲ検査は手間がかかって大変ですとか言っていましたが、日本の会社が一度に何百もの検体を機械に入れると短時間で結果が出てくるというフルオートマチックな機械を開発して、それが外国で使われて便利な機械だと感謝状をもらったりしています。それが日本では一切使われていません、なんでだっていうことですよね。ＰＣＲ検査を増やすべきか否かなどという問いを立てて論争している国など、世界にただ一つですよ。お話にならない。で、オリンピックになったら、案の定、選手や関係者に徹底的にＰＣＲ検査をやらせるという。国際社会に納得してもらうためには、そうするのが当然だからです。徹底的に国民は愚弄されています。

猿田　感染初期の頃のことを思い出しますが、韓国などがドライブスルーも利用してＰＣＲ検査をバンバンやっているという情報が届きました。ところが日本は未だにそれをしていない。なぜそんなにPCR検査をやりたがらなかったのですか。感染を抑えれば、世界的にも日本の評判は高まるでしょうに。

白井　それを阻止しているのは、具体的には厚労省の医系技官ですよ。去年の五月には、安倍さんですら正しいこと言っていました。国会で、PCR検査の件数が足りないのではないかと指摘されたのに対し、その通りだと思うと認め、増やしますと答弁しました。ところがそれ以降も増えていかないので、どうなっているのだと追及されると、「どうも目詰まりが起きている」と答えたわけです。「目詰まりを解消するのがあなたの仕事でしょう」という話なのですが、結局解消できないまま行きづまって逃げ出したわけです。

猿田　自分がかかっていないかちゃんと検査させてほしいと思っている人はよほど多かったと思うのですが。大量に検査をしていきなり感染者数が増えたりすれば、みんなパニック状態になってしまうから、ある程度押さえておいた方がよいと政府は考えたのでしょうかねえ。

白井　百歩譲って、そういう理屈はありえますね。いきなり大量のPCR検査をしなきゃならないとなっても体制が整わない。PCR検査が必要なのにそれができない、となるとパニック的反応が起きるかもしれない、という危惧もあったのでしょう。ただ、それ以上に、低めの数字を出してごまかしているうちにほどほどのところで収まってくれたらオリンピックも開催できるのではないか、といった願望が政治の世界にあったとしてもおかしくないと思います。これも、対米開戦を始めてしまったのはなぜだったのか、といったこととほとんど同レベルの話だと思うのですよ。こんなに感染が封じ込められていない国で、オリンピックなどやっていいはずがないでしょう。もし本気でオリンピックをやりたいのであれば、過剰なくらいに検査をして封じ込めをめざし、それでもダメなら多少の犠牲をも覚悟してハードなロックダウンをやってでもコロナゼロへもっていく、これしかないわけです。ところが、経済も大事だとか言って、全く中途半端な感染防止策に終始しています。本当に何がやりたいのか、ナンセンスの極みです。

猿田 本当にその通りだと思います。オリンピックをやるのが至上命題なのだったら、ニュージーランドでも韓国でも台湾でも感染防止のお手本はあるわけですし、中国流とは言わないまでも、日本は、政府がかなりのロックダウンをしても、よけりあしけり国民にはそれに従順に従おうとする素地もあるお国柄です。それもしないで、しかしオリンピック、オリンピックと言うような逆ベクトルは誰が働かせているのですか？　日本は民主主義国家で人権は大事だから中国のようなロックダウンはできない、という理屈自体はわかりますが、日本政府の判断がその論理から出てきているとは思えません。

白井 人権を尊重しているからなどということではないでしょう。単に責任を問われるのが嫌なのですよ。普段の言動からしても、いまの政権がそんなに人権を大事に思っていますかと言ったら、そんなことはありません。命令することから逃げ回っているだけのことです。それは多分、政権内の空気としか言いようがないと思います。オリンピックの中止を決断できないのも空気だし、開催するためにハードな決断をして国民をそれに従わせることもできないというのも空気です。

金平　冷静に考えてみると、コロナがあったから、世界的に問題が可視化されたとも言えます。日本では、白井さんがおっしゃったように、安倍氏も菅氏も、日本の政治権力のダメさ加減が一貫して変わらないということが、ここでますます可視化されたということでしょうね。

白井　私はコロナ対応でダメさ加減が可視化されたというより、それはずっと前から見えていました、ということだと思います。日本の政府が助言を求めるとして設置した尾身茂氏（地域医療機能推進機構理事長）をトップとする専門家委員会にしても、検査抑制を最初に旗を振って以来、ズルズルと検査抑制論を引きずっていまに至っています。なぜそんな振る舞いをしてきたのかと言うと、要するに、厚生官僚の権力への忖度であり、進退を賭けて権力の過ちをただそうという気概もない。永田町、霞が関がどうやりたいと思っているのかを推し量り、それに自分の科学的学説を合わせていくというタイプの学者さんたちです。これって、「原子力ムラ」にたむろした学者と全く同じで、すでに3・11の原発事故で露呈したのと同型の御用学者の振る舞いなのです。さらに遡ると、日本の衛生医学の歩みをたどると731部隊に行き着きます。ですから、主流派の専門家は、科学者たる者、あるモーメントにおいては国家に対して根本的に対立しなければならない瞬間もあるのだ、という気概をそもそも持っていないのだと思います。

金平　専門家たる者の覚悟については同感ですが、そこまで言うと科学者の全否定になりかねず、日本学術会議問題のようなものはもともと存在しないのだ、という話になってしまいます。もちろん、戦時中の学問の在り方については、731部隊に代表されるような防疫学の変質ぶりの弊害は明らかです。その系譜は、731部隊から戦後の大手医薬品メーカー・ミドリ十字を経て、厚生省の今日の疫学部門の体質に至るまで引き継がれてきたことは事実です。今回にしても、コロナ対策初期のPCR検査抑制論の根源にあるのは、データの独占です。学問的な業績とデータの独占は、実は一体のものであり、その体質は防疫学では根強く生き残っています。しかし、それだけに単純化するのも少し乱暴だと言えます。

白井　データの独占について言うと、確実にその動機はあると思います。ですから、日本のコロナ対策の失敗の原因は、「感染症ムラ」の抜きがたい閉鎖的体質、封建的体質にその一端があるのでしょう。その点でも原子力ムラがその体質ゆえに福島第一原発の事故という大失敗を犯したのと似ています。データを独占したいから、国立感染症研究所と保健所だけを窓口にしてコロナ対策をしようとした。しかし、到底キャパシティーが足りないから対処不能になった。だから大学や諸々の研究機関を一体に組み込んだ対コロナ体制をつくらなければならないのに、「ムラの論理」がそれを許さない。そこのところを突破する見識と決意を持った政治家も、政権内にいない。これが日本が落ち込んだ泥沼でしょう。

金平　今のお話に関連してもう一つ言うと、ほとんど信仰化しているオリンピックについてですが、その背景には、1964年の東京オリンピックの成功体験があるのです。それは成長神話と似ているのですが、国際的なイベントを盛り上げて日本の名声を高めたという、年配の人たちの中に根づいた宗教に近い心情です。そうした土壌のなかで、当時はPCR検査抑制論が当たり前のものとして受容されたのです。当時のジャーナリズムにも、オリンピックを開催するには、感染があまり増えるとまずいよね、というある種の忖度に同調する空気があったことは事実です。

ただ、世界的な規模で2億にも届くかもしれない感染者が出ているというところまでくると、先ほども文明史的な転換点ということを申しましたが、やはり100年前のスペイン風邪に匹敵するようなことが起こっているのですから、諸々の思考の枠組みが変更を強いられるのは当然ではないでしょうか。ですから、かつて流行った構造主義のように、人間がすべての思考をコントロールでき、それで自然も支配できるといった考え方に対しての反省が求められているのではないでしょうか。西欧中心主義とか人間中心主義といった形で言われてきた思考にたいして、こうすべきだと言っているのではありませんが、本来ならばいま変化が起きてしかるべきではないか、という思いから申し上げているのです。

日本の政治のダメさ加減については、戦後も戦前も、もしかして変わらないものとしてあるのかもしれません。その問題意識からすれば、猿田さんの言う「自発的対米従属」とか、白井さんの言う「永続敗戦レジーム」のような枠組みはすごく重要だと思っているのですが、ただ、コロナ禍の今はもう一つそれに加わる新しい局面というのを感じざるを得ない、というのが僕の考え方なのです。

3. 問われているのはこの国の行方と国民の思考形態

猿田　去年の4月に緊急事態宣言が出され、国民はこれからどんなことになるのか、自分は、家族はどうなるのか、とピリピリしていた時、残念ながら日本の市民運動は一気にダウンしてしまいました。それまで市民運動と言えば、官邸前デモや座り込み、講演会などイベントの開催だったのですが、集まることができなくなり、特に日本の市民活動の中心を担ってきた高齢の方は感染して亡くなるリスクも高いわけですから、ほとんど活動ができなくなってしまいました。

そこでインターネットの出番となるわけですが、ネット社会の良い点は、世界中の市民運動に自分も参加しようと思ったらできるようになるということです。私はコロナ直前の去年1月、ワシントンに数週間滞在しましたが、その際、大統領選の各陣営を覗き、また、サンダース陣営の選挙運動に参加してみたりして、人間関係も広がりました。帰国直後からコロナ感染が世界で急拡大しました。コロナの被害状況はアメリカの方が日本より圧倒的に酷いんですが、IT化が社会一般に進んでおり、市民運動を支えている中心が日本と違って若い世代ですから、オンラインでの市民運動には全く停滞を感じませんでした。コロナ禍でも家から活動に参加できるし、外出もできず他にやることもないから、どんどん集まろうといった感じでした。草の根のネットワークのつながりを広げ、世界各地からみんなが集まる国際会議にも参加しました。サンダース支持者のミーティングが私の住んでいたワシントンの地元でも毎週開かれていましたが、それも全部オンラインになり、それまで参加できなかった遠方の人も逆に参加できるようになりました。

他方、日本ですが、例えば、私が深く関わってきた沖縄の米軍基地の問題で言えば、辺野古の座り込みはほとんどできなくなり、工事だけが進んでいます。私たち新外交イニシアティブ（ND）では、沖縄県から委託を受け、デニー知事のトークキャラバンを行い、全国を回っていたのですが、それも一切できなくなりました。例外的に、黒川氏にからむ検察庁法の改正問題でのツイッターデモなどは良かったと思いますが、市民運動一般は、日本の市民運動の高齢化と、それに伴うデジタル・デバイド（IT格差）の問題もあり、コロナ禍当初、あまり広がりませんでした。

市民活動全般の停滞というこの問題に加え、私が大変残念に思ったのは、愚策しか出さない政府に対してまさに声を上げるべきこの時に、日本社会は、やっぱりあまり動かなかった、ということです。元来、社会に存在する問題を問題だと感じ、それを解決しようと働きかけるということが極端にタブー視される日本社会において、コロナ禍のような悲惨なことがあっても、そういった問題提起がなされることはなかった、いや、もっといえば、さらに発言にも自粛を迫られるような事態にすらなった、ということです。

私が最近一番憤ったエピソードをご紹介します。私には息子が二人いて、それぞれ保育園と小学校に通っているのですが、学芸会や運動会などの行事はコロナでことごとくなくなりました。それでも、感染拡大開始後1年たった今年の2月、無観客で、演じる子どもたちだけの「学芸会ごっこ」をやると次男の保育園が決めました。あるお父さんが「コロナなので親が参加できないのは仕方がないけれど、ビデオを撮って後で親も見られるように先生に頼んでみませんか。私が撮りに行ってもいいですよ」とクラスの父母が皆入っているLINEグループ（SNS）で提案したんです。私も、長男の時の卒園直前の学芸会など、子どもを育ててきた親にとって涙なくしては見られない感激の場面でしたし、一生懸命がんばって練習しても無観客でパパやママに見てもらえない、というのは子どもたちにとっても悲しいことであり、私もその意見に賛成し「何とか実現できないだろうか」と投稿しました。何人かの保護者も、いいアイディアですね、と賛意を表明しました。

ところがその後、何人かのお父さんから猛烈な勢いで「いいアイディアだが、先生方は毎朝アルコール消毒をするなどがんばっているのに、新しい話を持ち込んで、これ以上負担をかけるなんてよくない」という反発が起きたのです。そもそもたいした負担は園にかからないからいいじゃないか、という気持ちもありましたが、それよりも、提案内容は良いが園に提案すること自体に反対ということでしたから、その姿勢こそが許しがたい、と腹がたって仕方がありませんでした。しかし、その後さらに、なんと、この議論が続くことを避けようとクラス役員の保護者から「議論は役員で引き取ります」と投稿があり、議論を終わらされてしまったのです。私から言わせれば、いろいろな意見をぶつけあって議論することにも大きな意味があるのに。役員の一人からは「保護者と保育園側では立場も負う責任も全く異なるので、（コロナの状況下では）余程の理不尽なことでなければ保育園の決定に従うのは当然」という意見も出ました。

私はビデオを撮る撮らないについて強い希望があったわけではありません。しかし、なぜ提案の中身には賛意すら示しながら、そもそも園に対して投げることすらいけないと考えるのか、そして、どうしてそのことについての皆での議論を封じ込めるのか。先生方に対しても保護者の間でも、みんなで良い保育園を作っていこうと提案し議論していく過程こそが重要で、それを背中から見ている子どもたちにとっても良いモデルになるはずだと、私は自分の経験から確信しています。どうして議論を封じこめるのか。なお、役員も、6年間通う中で必ず1回はやらないといけないからと義務的にやっている役員に過ぎません。

個人的経験を熱く語ってしまいましたが、保育園や小学校の他の保護者との関係で経験する出来事には、日本社会の縮図が表れているなと思うことがよくあります。様々なバックグラウンドを持つ人々の無作為の集まりだからです。

今回のこれって、十分な経済支援もないまま8時に閉店しろと言われて店が潰れるような状況におかれた時に、それに反発するレストラン連合が声を上げない、というのと根本は同じだと思うのです。今はＺｏｏｍで会議もできるわけですから、そういうお店が集まって、「補償しろネットワーク」とか「個人商店の店主の会」でもなんでも立ち上げて、地域組織でも全国組織でも作って、充実した補償を求めて政府に対して要望を突きつければいいのです。アメリカでは、相当早い時期から、もっと補償しろというインターネットの声明やメールがたくさん流れてきていました。日本では、メディアのインタビューでマイクを向けられれば不満は聞こえてきますが、その点で声を上げ、政府を具体的に追及する声ってほとんどないじゃないですか。言いたいことはあるけれど、政府もがんばっているし、こんな国難なんだから仕方がない……という空気がある。いや、それならまだましかもしれない。そんなレベルですらなくて、「問題があるときに声を上げること」を思いつくことすらなく、何か意見を言うなんて考えもしなかった、そして我慢と貧困だけが広がっていくという状況です。

白井 私の子どもの幼稚園は、完全中止になったイベントはわずかで、かなり人数を限って何とかやってくれています。今回このコロナでどんな変化が生じたかは、コロナ後にはっきり見えてくるのではないかという気がしています。

例えば、いま顕在化しているのは、東京一極集中のリスクが大きいことです。人口密度が高すぎます。大学など典型的ですが、2020年度の入学生で大学に1日も行っていない人が二十数%、首都圏に限ると47%と2人に1人に近いんです。私の大学の場合だと、2020年度の後期からできる限り対面授業に戻してきましたが、それを首都圏の大学ができないのは、教室のキャパの問題なのです。教室のキャパシティーと学生数との比率で、対面になると密になることを避けられないからです。10年前3・11の地震の時には帰宅難民が大量に発生して、東京首都圏にこれだけ人口が集中していることそのものが巨大なリスクであることが実感させられましたが、政策的に人口を分散させようとしてきたかといえば、全く逆です。東京オリンピックに伴う再開発でさらに東京を大発展させようというような政策が延々と行われ、ますますリスクが顕在化しています。今後どうなっていくのかということですが、東海道新幹線の需要が復活するかどうかが、一つメルクマールなのではないかと思います。二度とかつてのような人数は乗らないかもしれませんよね。

金平 今までの保育園や大学の授業の話を聞いていて、今起きていることはコロナをきっかけとした社会調整でしょ。コロナを封じ込めるために、営業活動の制限とか自粛に従えというのが基本的な方向になっています。しかし、人間は社会的な存在ですから、距離を縮めてリアルに交流することによって、僕らは人間である証を確認し合ってきたわけです。小池東京都知事が言っているのは、交流するな、人流を止めろ、動くなということですが、それは人間であることを少しやめて冬眠しろよということでしょ。でも、いつ明けるかわからなければ、怖がって冬眠などできないですよ。それをやれと言うのは、ノーマルな人間の姿ではないようなことを我慢しろということですから、そんなことは長期的にはしたくないというのが人間の基本的な欲求だと思います。

先ほどのリアルとヴァーチャルの話でいうと、ヴァーチャルなデモとかミーティングもいいですが、リアルなデモとかミーティングに敵うはずがないと、古い人間なのでそう思いますね。大学の授業やゼミでも、寝ているのがいるにしても、やはりちゃんと顔を合わせてやった方がいいですよ。でも、オンラインが当たり前だと国から言われると、そんなものかとみんな受け入れてきてしまっています。それで、テレワークで会社に行く必要がないんだから、郊外に家を買って家族との時間を長く持った方がいいとか、大学でも、授業などヴァーチャルで代行できるわけだからと、キャンパス不要論も出てきています。結婚にしても、僕らの世代は見合いをバカにしながら、恋愛をしてリアルな交流によって自分でパートナーを選ぶのが当たり前でしたが、いまの若い人の中には、リアルな機会を設け恋愛をしてパートナーを選ぶことを、初めから諦めている人がたくさんいますよ。いわゆるマッチングサイトで会って結婚する相手を選ぶような、ヴァーチャルなやり方でいいのだという風潮です。そういう人間の営みにまつわる価値観の変化は、コロナがもたらしている構造的な変化だと思います。僕自身について言えば、距離は近い方がいいし、息遣いとか匂いが感じられる接触が好きです。絶滅危惧種かもしれないけど、人間が生きていくうえで、それはすごく大事な感覚だと思うんですよ。その感覚を失って、ＧＡＦＡが世界を支配し、Google 恋愛とか、Google お見合いとか、Google 墓参りでいいじゃないかというのは、やっぱり違うと思っているのです。

猿田　私も古いのかもしれないけど、もちろん、金平さんのおっしゃっていることはよく分かります。多分みんなもそう思っていて、インターネットでの会話はリアルな関係を補完するものであるべきだ、という感覚はある程度共有しているのではないかと思います。父母会活動ひとつとっても、コロナを理由に何もしないということが続き、あるいは少しやろうとしても、顔を合わせての打ち合わせや懇親会が全然できない状況が2、3年も続くと、このコミュニティーが廃れて二度と復活できなくなってしまうかもしれないという恐怖感があります。この辺りはＺｏｏｍでは限界がありますよね。もっとも、これだけデジタル手段が生活の一部と化してしまうと、このデジタルに頼る傾向はコロナが収束しても多分、なくならないのではないかと思います。

と同時に、普段の私の活動をご存じのみなさんは意外に思うかもしれませんが、実は私は家にいるのが大好き人間で、現在のテレワーク環境は大変に気に入っています。私は弁護士としての仕事もやっていますが、コロナ初期の緊急事態宣言の頃、うちの法律事務所で議論があったのです。団塊の世代の男性弁護士は、「弁護士の仕事というのは、依頼者を目の前にして、その困っていることを肌で感じ取って働くものだ」「それなのに、事務所に来ずにＺｏｏｍミーティングとは何事か！」と怒り散らしていました。一方、受験生の子どもさんがいる女性弁護士などはコロナに感染すると受験にも関わるから家からは出たくありません、テレワークで仕事をしたいです、という姿勢でした。事務職員は全員テレワークとなると、じゃあ誰がドアノブや机を拭くんだという話からなにから、大喧嘩になりました。私などは、海外との打ち合わせも多く、どうせＺｏｏｍですから事務所に行く意味はあまりありません。しかし年配の方は、誰かに頼まないとＺｏｏｍのセットもできませんから、いままでの方法に頼るほかないわけです。結局、コロナに対する恐怖心や望む対応や条件はみんな違いますから、デジタル・デバイドでネット対応ができない人はみんなで支え、感染が怖いと思う人は家にいられるようにしていこうということで、その場は収まったのですが。

これからの社会が、コロナ禍で始まった新しい形に落ち着くのか、コロナが終われば金平さんが言うところの、直に肌で感じるものがまた増えるのか、そこは分かりませんが、私はその大喧嘩を仲裁する運営委員の立場にありましたので、それぞれの多様性を大事にしなければいけないということは身にしみて感じましたね。

白井 面白い現象ですね。さっき言ったように、うちの大学ではできるだけ対面に戻しているのですが、一部に学部のある学年の全員が必修で受けなければいけない科目など人数が多い授業があって、それだと一番大きな教室を使っても定員いっぱい近くなってしまいます。その場合どうするかというと、2つの教室を使うんです。先生は1つの教室にいて、パソコンを使って喋り、その映像をもう1つの教室のスクリーンで流す、そういう形式です。そうしたら、同僚から聞いたのですが、学生はその2つの教室のどっちが多いかというと、圧倒的にスクリーンで喋っている方に行くんですって。先生と直接会いたくないのでしょうね。今の学生の気質をよく表しています。

金平 今までのデジタル化の話とか、コミュニケーションの在り様の話は、すでにあった傾向をコロナが加速させたという話だと思います。ただそれも含めて、外の力としてのコロナは不可逆的な変化を僕らに強いているのかどうかということです。僕が再三言っているのは、この変化は根源的なものではないかということです。そこが白井さんと違うところで、白井さんはコロナは変化を促しても本質的には同じなのだ、といったお考えですね。僕の言う地殻変動という意味は、100年前のスペイン風邪の時に資本主義の発展や近代社会の特質を明らかにしたマックス・ウェーバーが亡くなり、さらに前のペストの時代には教会権力が地に墜ちて封建体制の崩壊へと向かった、そうした社会の変化に例えてもいいのではないか、というふうに思うからです。まだ渦中ですから確たることは分からないにしても、この渦中において始まっている変化はとても大きなものなのではないか、という思いがあるのです。

安倍首相の末期の逃げ出し方とか菅政権のうろたえ方を見ていて、こうしたダメさ加減を変えていく時の力とは何かと考えると、市民とか有権者、ジャーナリズムとかアカデミズムがその主人公にならなければならないのは当然のことです。同時に、人間のコントロールの効かない外的な力の方が大きくなってしまうような局面もありうるわけで、ひょっとしてそれが今ではないか、という気がするのです。それは、3・11の東日本大震災の津波とそれに伴う原発事故といった、人間の力ではコントロールできないようなものに直面して、初めて僕らは人間としての営みの限界を思い知るという経験をしてきているから言っているのです。僕は自分の年齢を考えると、多分原発事故の収束＝廃炉の完遂を見ないままくたばっていくと思うんですよ。原発事故は半世紀経ってもおそらく終息しないでしょうから、それを次世代に残しながら死んでいかなければならない時に、なぜこれを変えられなかったのかという思いにかられると思います。

正直言って、こうしたコロナの時代を経験するとは思いませんでしたが、コロナは私権の制限や差別などいろいろなものを可視化して、理不尽なこと、見たくないものを見せつけられたではないですか。政府が市民に自粛要請をする時に、それに見合う補償をしなさいというのはごく当たり前のことです。ところが官僚を含む今の為政者は、自分たちは国民から受けた税金を預かっているという意識がありません。麻生財務大臣の物言いなどを見ていると、国庫は自分の金だと思っている節があって、江戸時代の悪代官以下ですよ。少なくともヨーロッパの先進国の政権は、休業要請するのであれば、普段の収入の6割から7割の補償は当たり前のことになっています。要するに、このコロナの時代において、日本って本当の意味の近代国家なのか、という地金が出てしまっているわけです。

猿田 この危機の時代において、良い方向へ転換するような雰囲気が生まれてくると救いなんですが。10年前の原発事故については、部分的に原発は再稼働されているにしても、毎週金曜日の反原発デモが長く続けられたことなど、それに抗うような国民的な動きが反対ベクトルとしてありましたが、今回のコロナではそういった喜ばしいニュースがあまり聞こえてこないのはなぜでしょうか。

金平 それに関して反省を込めて言うと、若い人たちから見て魅力のあるものを私たちの世代が作り上げてこなかったのではないかと思います。自分の若い時を考えると、10代で北海道の旭川から東京に出てきて、エネルギッシュな雰囲気とか、文化の輝きなど、街で起きていることが面白くてしょうがなかった印象があります。劇作家の唐十郎が新宿に赤テントを張って芝居をやっていたりして、世の中が騒然としていましたが、結構これかっこいいじゃんみたいな感じでした。この間それと似たような感覚を覚えたのは、黒人差別に抗議するブラック・ライヴズ・マター運動に参加していた人たちを見た時です。台湾のオードリー・タンを同僚が取材しましたが、デジタル時代に「自由になる」ことを訴えていました。そこでは、日本ではマイノリティー扱いをされるような喋りとか身のこなし、生き方をかっこいいと思うような人たちがたくさんいました。こうした文化やロールモデルを僕らは作り損なってしまった、そうしたものを僕らの社会にも残しながら去っていきたいと、最近本当に思うようになりましたね。

猿田　オードリー・タンの生き方にも関係するんですが、もう一つ子どもに関係する面白い話を聞いてもらっていいですか。うちの長男はいま小学校2年生なんですけど、1年生の時に数字の「4」を習いますが、それをどう書くのかという話です。時計でもなんでも世の中の「4」は上がくっついている「4」ですが、教科書体では上がくっついちゃいけない「4」なのです。それで、うちの子どもが足し算かなにかのテストで上をくっつけた「4」を書いたら、1点減点されて99点にされたのです。そのテストの問題文の表題にも上がくっついた「4」が使われていたのに。私は、くっついてても離れていてもいいじゃんと思って、先生にどうなんですかって連絡帳で質問したのです。そうしたら、新卒1年目の先生だったこともあってすぐに校長に繋がり、校長から手紙がきました。そこには、「正しい字を一つに絞って教えるのはとても大切なこと」と書いてありました。

金平　くだらねえ（笑）。

猿田　それで、その次の保護者面談の時、教室に行ったら、校長室で校長先生とお話ししましょうと呼ばれました。校長先生は、「世の中の4はみんなくっついていますから、おっしゃることは分かります、でもくっついていたら減点すると1年生の若い担任団が合議で決めたことですから、校長からやめなさいと指示を出すのもおかしいと思います」という答えです。いやいやいやいや、社会に出たら正解が一個しかないものの方が少ないわけですから、答えは一個しかない、合っているものを間違っている、と教えることの方がおかしいんじゃないですか、担任が間違えた場合は、それを指摘して正すのが校長先生の役割ですよね、と私は言いました。そもそも、20代前半の新卒から30歳ちょっとまでの若い3人の1年生のクラス担任団が合議で「上がくっついた4」は減点しよう、と決めちゃうそのこと自体が、これまでの画一化教育の悪しき末路だなあ、と絶望的な気持ちになりました。

白井　確かにそれは深刻ですね。猿田さんはよく我慢しましたね。私ならその場で校長を怒鳴りつけるかもしれない。馬鹿馬鹿しさに耐えられません。どうやら私たちの気づかないうちに、学校というものがすごく画一的で反動化しているんじゃないでしょうか。

猿田　ほんとうにそうなんです。私は愛知県に育ちましたが、当時、東の千葉、西の愛知といわれるくらい管理教育が徹底していました。しかも、「東郷教育」といわれる管理教育のメッカの東郷町というところで育ち、髪の毛なども中学では「男の子は丸刈り、女の子はおかっぱ前髪眉上○センチ」で、体罰が日常のようなところでした。私の親は「愛知郡の教育をよくする会」というのを立ち上げ、その改善に奔走してくれていたのですが、その親から話を聞いていた私のその頃の憧れは東京でした。どうやら教師からげんこつで殴られることはないらしいと。私の小学校では先生は子どもを呼ぶとき、「おい、佐世」と、呼び捨てでしたが、昨年子どもが入学した東京の公立小学校では男の子でも「猿田さん」って呼ばれて、なるほどこれが東京かと思ったものです。今は愛知も少しは変わっているでしょうけれど。もっとも、東京の学校も内実はどんどん劣化しているという印象ですね。

白井　髪型や下着の色チェックなども行われていますね。心掛けとして「白にしましょう」といった建前を言っているのではなくて、ほんとに強制猥褻まがいの検査をしているのです。

金平　「ダイバーシティ」なども、本来は多様性を意味する言葉なのに、生産性や競争力を高める経営戦略として教育に持ち込まれていますね。外国人にこんな話をしたら笑い話になってしまうようなことを真剣にやらされているのですから、「動物農場」みたいな感じですよ（笑）。

白井　しかも気持ちが悪いのは、一方でそういう人権侵害をやりながら、男の子でも「猿田さん」って呼びなさいとか小姑みたいにやかましい。また、つい最近の「産経新聞」に出ていましたが、「あだ名をやめましょう」という指導をしているらしいですね。あだ名は悪口すれすれの場合もあって、いじめに繋がりかねないから禁止だと、表面的には優しくしましょうということらしいです。

しかし、人をあだ名で呼ぶことには、深い意味があります。その集団でしか通用しないコードネームで呼び合って、そこに独特の人間関係ができてくるという、人間の社会生活の基本的な営みのひとつです。それを一律に禁止するのは、人間の文明の一部を否定する大胆な行為なのですが、そんな自覚はありませんよね。

猿田　沖縄の問題などをよく取り上げているNHKの記者から聞いた話ですが、基地問題を取り上げようとすると、いろいろな意見があるのだから政府の見解もちゃんと提供することが大事だとか、47都道府県のうちの1県なのに、なぜ沖縄の声を取り上げる番組をそんなに作ろうとするんだ、という論議に社内でなるそうなんです。そういった意見を言う人は、「多数決で多い考え方を取りあげるのが民主主義だよね」「両方の意見を平等に取り上げなきゃ知る人たちの権利もあるしさ」と、「民主主義」や「人権」を振りかざして反対する、とのことで、その記者は憤慨していました。これもそうした無思慮の一つの例だと思います。

白井　「ではお前はどういう意見を持っているんだ」と言った時に、何もないわけでしょ。その空っぽさを誤魔化すために、「やっぱり民主主義が大事なんだ」とか何とか言っているという話なのです。1945年8月15日以前には「天皇陛下万歳」で一億玉砕だと言っていたのに、アメリカ占領軍が入って来たとたんに、戦前の反省なしに「民主主義万歳」に変わった、そうした国民の思考形態にふさわしいですね。

金平　何ていうんでしょうか、白井さんは安倍政権が長期にわたって続いたのは、国民の反動的心情に受け入れられたからだ、とおっしゃっていましたよね。そこが重要なところで、この民にしてこの政権あり、この民にしてこのメディアあり、この民にしてこの国あり、ということになってしまいます。つまり「日本人なんだから」という話に行き着いてしまうわけですが、それをそのままにしておいていいのか、というのがこれから考えないといけないことなのです。僕ら３人は、少なくともそれには与しない、という人間でしょ。こんな日本人は不愉快ですから。

白井　ほんとうに不愉快。

猿田　ほんとに不愉快ですよ。

4．歴史の教訓を生かし、日本の身の処し方をどう選択すべきか

金平　これもコロナと関係してくる話ですが、はっきり言えば、長期的な変化ということで言えば、安倍政権、菅政権などどうでも良いのです。しかし短期的な目で見ると、今年（２０２１年）衆議院選挙があって、日本の有権者には政権を選ぶチャンスが生まれます。その時に変化を望む方向に行くのか、それとも「圧倒的な反動」に向かった国民の心情がこの後もずっと続くのか、

僕には読めないですね。昨今の菅政権は、目を覆うばかりの無能ぶりをさらしているのですが。

白井　菅義偉首相の長男が勤める放送事業会社への接待問題も総務省ぐるみになって、そこは「菅村」のようになってきました。

金平　総務大臣はたぶん引責辞任しないと変だと思いますね。これで検察が黙っていたら、検察って何のためにいるんだ、みたいな話になりますから。まだ、ＮＴＴとの会食といった新しいネタが出てくるでしょうが、「文春砲」のソースは政府ないし公的部門の内部でしょう。総務省は菅首相のホームグラウンドですから、菅氏に対して叛旗を翻す動きとも受け取れます。これだけの情報が出てくる背景はすごく深く、やはり秋の選挙を見越した動きだと見るのが妥当だと思います。

猿田　菅政権のまま選挙をやると負けるのではないかという観測もありますが。政党支持率を見ると、「特になし」が常に多いですね（5月上旬のＮＨＫ世論調査で43・8％）。自民党支持率が33・7％で立憲民主党は5・8％に過ぎない。内閣の支持率も、支持しないが43％で支持するは35％（以上、同世論調査）。ただ、顔をすげ替えるとそれだけで支持率が30％も上がったりするという、この国の世論はどうなっちゃってるんですかね。

金平　菅氏では勝てないからと、選挙用に顔をすり替える可能性は無きにしもあらずです。

白井　トップの首をすげ替えて御祝儀相場で勝つぐらいしか、確かに手がない気がしますね。

猿田　やはり自民党政治の劣化ですね。安倍さんは、少なくとも人気を集めるという点では秀でていたとも言えますが、周りにいる人たちを育てることをしなかったのでしょうね。

金平 そうなると、いま名前上がっているのは、河野太郎、野田聖子、小泉進次郎などで、その繋ぎとして岸田文雄という話もあります。

猿田 問題がクリアになっているにもかかわらず、このうち誰になっても政治が変わって何かが良くなるという雰囲気が全くしないですね。

白井 崩壊する直前のソ連に似ているんじゃないですか。

金平 ハハハ。だけどあの時は、ゴルバチョフがいて、ペロストロイカというリコンストラクションし、建て直しを言い続けていました。そして最後は、保守派がヤナーエフ副大統領を臨時大統領に立ててクーデターを起こして、それが失敗し、ソ連は崩壊していったのです。今度の政権交代もそれに似ていて、僕は官邸クーデターだと思っています。つまり安倍首相がもうやる気をなくしたと言うんで、二階俊博幹事長ら長老と組んで乗っ取ったんです。

それに対して、自民党は本当にダメになっていくけれども、それに代わる野党が伸びない。ソ連崩壊劇で言えば、保守派に対してたたかったエリツィンが日本にはいないのです。国民の心情で言うと、この間の10年間で洗脳されてしまって、野党というものの存在意義が薄れてしまったのではないでしょうか。

これは労働組合の場合と似ていて、本来は機能していて当たり前だということの意味さえも見失われてしまっています。昨日の新聞を見てさめざめとしたのですが、日本航空の客室乗務員組合という、がんばっていた組合がありましたが、今度のコロナ禍の合理化でその大半が首を切られてしまいました。その「客乗」の人たちは、スチュワーデスなんかが何を言っているんだと蔑まれ、組合の中でも差別されながら、一つ一つ権利を勝ち取っていたのです。振り返って考えてみると、今の若い人たちの多くは、「労働組合はなぜ必要なんですか、営業活動を妨害する左に偏った人たちじゃあないんですか」ぐらいにしか思ってないですね。アメリカやヨーロッパには、そういう労働組合とかオポジションパーティー（野党）がまがりなりにもあって、そこでルーリングパーティー（与党）の役割も初めて活きてくるのです。論議をすることによって何かを作っていく伝統は大切です。

猿田　前にもご紹介しましたが、例えばドイツは現在、メルケル氏のCDU（キリスト教民主同盟）とドイツ社民党（SPD）の大連立政権です。CDUは一党だけでは少数与党政権となってしまうため、社民党と組んだわけです。もっとも、その後、連立を組んだ社民党の方は独自の政策が打ち出せずに支持を失い、社民党よりさらに左派の緑の党が勢いづいています。この秋に総選挙がありますが、緑の党が伸びており、CDUと緑の党の連立政権になるのではないかと噂されています。日本で言えば、立憲民主党を飛び越えて、自民党と社民党が連立政権を組むようなイメージでしょうか。

金平　それにしても、立憲民主党は共産党と一緒にやろうとしながら、共産党アレルギーがすごくありますね。７月の都議選では、立憲民主党と共産党が候補者を一本化して議席を増やし、自公の過半数獲得を阻みましたが、野党の連合なしに政治転換の可能性は見えてきません。

猿田　今、日本の立憲民主党は、例えば、特に外交政策では、左に偏っているように見られないように保守的な政策を取り入れようとしているように感じます。連合を支中心に持基盤に共産党アレルギーをもつ層も一定残ることから、共産党と手を組むことにも随所で拒否反応も見せています。立憲民主党にあたる政党をドイツ政治で当てはめるとドイツ社民党（ＳＰＤ）になるかと思いますが、ドイツでは社民党は、保守のＣＤＵと一緒だと独自性を出せないから、むしろ下野してリベラル政党としての存在に立ち返りたいという党内勢力が勢いを増している。その背景には、社民党の支持者が離反し、さらに左派の緑の党への支持へと移っている。ドイツのリベラル政党と日本のこの違いは何なんだろう。ドイツを勉強すればするほど不思議になります。

金平　先に取り上げた方方さんの『武漢日記』は、ある種の文明論です。中国ではすでに発売禁止になっていますが、『一つの国が文明国家であるかどうかの基準は高層ビルが多いとか、車が疾走しているとか、武器が進んでいるとか、軍隊が強いとか、化学技術が発達しているとか、芸術が多彩とか、さらに派手なイベントができるとか、花火が豪華絢爛だとか、お金の力で世界を豪遊し世界中のものを買い漁るとか、決してそうしたことが全てではない。基準はただ一つしかない。それは、弱者に対する態度である』と締めくくっています。その、弱者に対する態度について、日本では「自助」と言っていますが、アメリカ、ヨーロッパの賢者たちは今こそ「利他」

が大事だと言っています。その方向を変えるためには「共助」の前の「公助」が問われているわけです。

国民というものは、普遍的な価値観を共有し、同じ船に乗っているような共同体意識をもっているはずです。しかし、その一体感を保障するための価値基準やスピリチュアルのようなものが、失われてきているのではないでしょうか。近代日本の歩んできた道筋の中で、僕らをまとめ上げてきたものは何だったのかと考えると、高度経済成長の時にすがりついた、働けば働くほど世の中は豊かになっていくという程度の価値観だったのかといったことを、コロナの時代の中で思い知らされているわけです。格差はめちゃくちゃひどくなり、生活困窮者に対する炊き出しの行列には若い人や女の人が増えて、前のドヤ街の炊き出しの時とは全然様相が違ってきています。こうした現場を見たりすると、僕らが作り上げてきた「豊かな社会」とは何だったのか、その根拠がだんだん解体されてきている気がします。

猿田　いまの炊き出しの話でも、私たちの目の前に突きつけられるのは隠しようもない貧困層の存在です。学校でも、給食費を払えない人の増加が問題になったことがありましたが、現在、就学援助を受ける小中学生は6人に1人です。その最後の砦は生活保護なんですが、生活保護をもらって贅沢しすぎているんじゃないのという批判が起きたり、家族に連絡が行くから申請できないといった実情があります。そのくせ日本って、保守的な方には特に多いですが、「西洋の合理主義とは違って、人と人との繋がりを大事にする温かい和の精神がありますから」みたいな心情がまかり通っています。その隠されてきたことが、コロナの今、可視化されています。

金平　日本って「いいふりこき」（自分を実体以上によくみせかけようとする姿勢）なんですよね。僕らは知らず知らずのうちに、アジアの中で優越意識を植えつけられてきました。外交的な振舞いを見ても、例えば征韓論だって、異国を征伐しに行く桃太郎みたいなものです。中国に関しても、日本の経済支援によって遅れを取り戻させてやったのに恩知らずだ、といった感覚が残っています。香港の問題についても、民主主義的制度を破壊する行為はもちろん耐え難いものがありますが、歴史的に考えればイギリスの植民地時代以来のツケを払おうとしてきた場所であり、前にも言いましたが、中国の留学生から「じゃあ植民地主義は良かったんですか、一国二制度をいいと思っているんですか」と言われると、グーの音も出ないという状況があります。これは「脱亜入欧」で近代化をはかった明治維新以来、アジアの一員であることの自覚を失ってしまったという、日本人のアイデンティティの問題だと思います。

僕はかつてテレビ局のモスクワ特派員として働いていましたが、ロシア人が抱いている複雑な感情とダブってきます。ロシア人はヨーロッパに対して強いコンプレックスを持っている一方、アジアに対してのある種の優越意識があります。例えば、ソ連の時代に支配下に置いた中央アジアのカザフスタン、トルクメニスタン、ウズベキスタン、タジキスタン、キルギスタンといった国に対しては、モスクワからの指導がないとやっていけないんだといった差別意識がすごかったですね。それと同じで、日本人は欧米先進国に対する劣等感があり、その裏返しとして、アジア近隣諸国に対しての根拠のない優越感を振りかざして、戦争中の侵略行為を正当化してきたわけです。そういう歴史を踏まえて、今の中国の振る舞いを見た時に、どう接すべきか思慮が必要だと思います。確かに覇権主義とか領海の拡張主義など危険な領域に達していることは間違いありませんし、中国政府のコアが中国共産党という名前を名乗っていること自体が、社会主義とか共産主義という考え方に対する冒涜だとさえ僕は個人的には思いますがね。

猿田 ほんとですね。

金平 今の中国は、一党支配の下での超資本主義、つまり国家資本主義です。あれだけの人口と統制力を持っている国に、民主的なやり方で対抗しようとしても、残念ながら勝ち目はありません。GDPも遠からずアメリカを追い越して、世界の枢要なかなりの国々が中国の影響下におかれるでしょう。だけど、中国は必ず自壊すると僕は思っています。大都市圏と地方との格差などによって、立ち行かなくなる時がおそらくやってくるだろうと、それぐらいのスパンで見ていますけどね。

ただ、日本の今の身の処し方について言うと、歴史の教訓を学び取らないで、ひたすらアメリカの言う通りに従うという、奴隷的な生き方でいいのかが問われています。長く奴隷制度の下でいるとそれに慣れてしまい、出来のいい名誉奴隷になってしまうという、そのくらいひどいことになっているのだと思います。

猿田 日本の惨状を自ら振り返って、ここは問題だから改善していこうとすると、日本の問題点を世界中に知らしめてしまうので、歯を食いしばって耐え忍ぼう、といった精神論が支配しているのでしょうか。

金平　しかし、外見を気にしながら生きていこうとしても、日本ってこういう国だというのは、もうバレてしまっているじゃないですか。

猿田　ただ、日本人は小手先の隠し方はうまいですね。アメリカだったら貧富の差がはっきりしていて、「ここから先、富裕層は財布を持って入れませんよ」といった貧困層が住むエリアが、ニューヨークにもワシントンにもたくさんあります。日本の場合は、貧困層がかくも広がっているのに、なかなか可視化されてこなかったわけです。

白井　不思議なのは、貧困化は明らかに進んでいるのに治安は悪くなってない、むしろ犯罪率は減っています。これはある意味、不自然なことだと思います。要するに、何がなんでも自分は生き抜いてやる、という生命力が失われてきているということでしょ。3・11であれだけのことが起きた時にも、ある韓国の学者と話す機会があって、その人曰く、「抗議運動がなぜあの程度しか起きてないんだ、もし同じ事故が韓国で起きたら、数百万の群衆に取り囲まれて政府はぶっ飛んでいますよ」と。その通りです、としか返しようがありませんでした。あれだけ生命、健康、財産を脅かされても、あの程度しか怒る人たちがいないということは、やはり動物としての本能が失われつつあるということでしょう。植物的なのです。

コロナがこれだけ国民に犠牲を強いていることに対し、政府の働きは悲惨なものでしかありません。ところが、ここのところの世論調査を見ても、感染者数の増減と内閣支持率はほとんど機械的に連動しています。感染者が増えると政府が悪い、減るとよくやっていると。感染者数の増減はある程度自然現象なのです。「思考する世論」の衰退は、極限にまで来ています。

猿田　感染の増減が支持率に反映すること自体には一定の合理性はあると思いますが、対応に不満があるならば、なんらかの具体的な行動に出てもよさそうに思うんですが。やっぱり自助の精神が植えつけられているのでしょうか。国民あってこその政府なのに。

金平　当事者意識がすごくこじんまりして、広く繋がっていかないという現実があります。僕の個人的な経験からすると、半世紀前の１９７２年という年が一つの契機だったのではないかと思います。あの時あさま山荘事件があり、ロッド空港事件（元日本赤軍3名が起こした乱射事件）があり、報道も無差別テロだと煽り、いろいろな社会運動に対する嫌悪のような風潮がすごい勢いで広がり、運動が退潮していく節目になりました。それ以来、社会全体が萎縮する方向に進んでしまった、ということだと思います。

また、高度経済成長の後に80年代のバブルの時代を経験して、日本人の在りようが変わってしまい、やはり物質的な豊かさが大事だねという考え方が共有されていきました。社会運動の場でも、貧困やサービス低下に対して声を挙げしていくのは当たり前だった時代があったと思いますが、それが退潮して谷を迎えた時に、コロナによって再び盛り返していこうという時期が訪れているのではないかと感じます。コロナのような抗い難い変化を外側から強いられてきた時に、さすがに黙って見ていていいのかという思いが生まれつつあるのではないでしょうか。その時に、旧来の考え方を払拭できないと、それはおそらく潰されてしまうんだろうと思います。

僕は、3・11の原発事故の避難者を取材していて、10年経っていまだに声も上げられずにいるたくさんの人の肉声を国民に届けなければならないと痛感しました。国民意識を少しでも変えていくには、自分がやるべき仕事は残っており、それにきちんと向き合わなければならないということを考えさせられています。

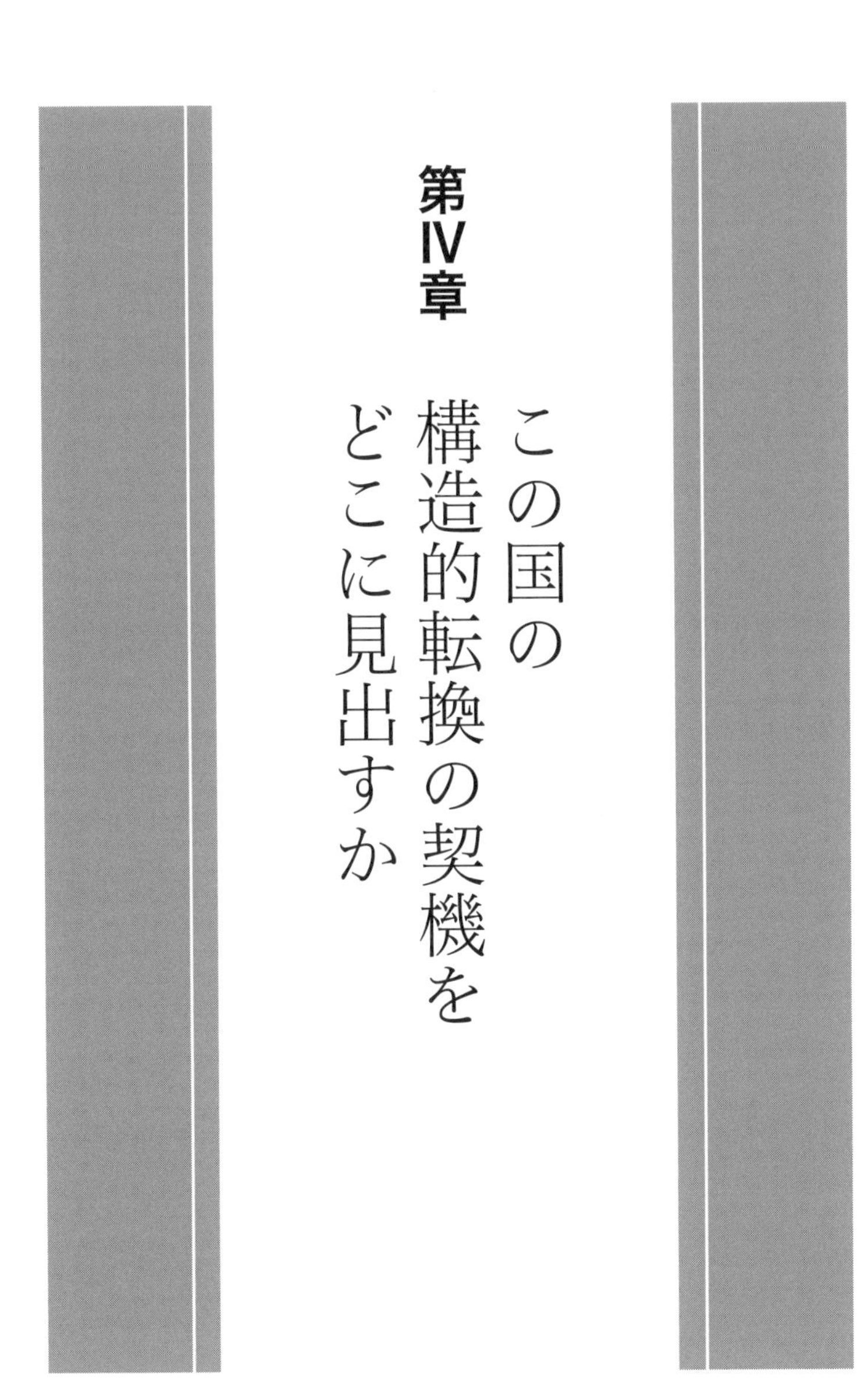

第Ⅳ章

この国の構造的転換の契機をどこに見出すか

猿田　これまでの鼎談と重なるところが出てくるかもしれませんが、この最終章では、改めてここ1年程の短期的な期間に何が起こり、どういう問題点があるのか、という現状分析をした上で、そこにどのような変化が生じたのか、国民的な転換のあり方はどうあるべきか、といった話に進んでいきたいと思います。

1.　コロナ対策で見えてきた政治の劣化と国民意識

猿田　まず、再び新型コロナウイルスの問題から入りましょうか。中国で始まった感染が世界に広がり、日本でも急増する中で、学校は突然休校という話になり、２０２０年4月7日に第1次緊急事態宣言が出され、その後第5波まで収まる気配がありません。初動で何を誤ったのか、どうするべきだったのか、ご意見をいただければと思います。

白井　最初にオリンピックを何としてもやりたいという不純な動機があり、それが事態を過小評価したいという思惑につながりました。ここでリーダーシップを見せつけねばと、思いつき的に学校を休みにしました。しかしどうしようもなくなって、オリンピックは延期に追い込まれました。それは、安倍首相らしい反知性主義的な措置で、とにかくインパクトのあることをしようと、気軽に学校を休みにしてしまったのです。

　今に至るまで焦点になり続けているのは検査体制の問題で、最初から抑制する方針をとったことです。例えば上昌広さんや児玉龍彦さんといった人たちは、最初から検査を増やさなければならないと繰り返し訴えていましたが、それを受け入れなかった。つまり、厚労省の医系技官という人たちが国立感染症研究所（感染研）や保健所行政を利権化しているという、構造的な問題なのです。ＰＣＲ検査は保健所ではキャパオーバーになっており、官民の研究所、大学の協力も得て新たに組織化して対応する必要があったのに、彼らの利権、権限、そしてデータを死守しようとその動きを止めてきたのです。

　台湾や韓国が優秀な対応を取れたのに日本で機能しなかったことについて、一つだけ情状酌量の余地があるとすれば、２００２年に広がったSARs（重症急性呼吸器症候群）の経験の差です。その時に台湾などでは政府の対応に不手際があって非難されたこともあり、そのことへの反省が生かされたわけです。しかし、パンデミックが始まってからもう一年以上経っているのですからね。

猿田　ＰＣＲ検査は、半年くらい前までは値段も高かったけれども、今では３０００円くらいでできるようになってますよね。

金平　それはすでに一般化された技術なので、僕は取材で内外あちこち行きますからＰＣＲ検査は8回受けましたよ。綿棒を鼻に入れたり唾液を取るんですが、朝9時に出したら11時ぐらいには結果が出る、そんな程度のものです。精度の問題もあるんでしょうが、やらないよりやった方がいいに決まっています。ではなぜまともなことを言っていた人が排除されるシステムになっているのかというと、白井さんも言われましたが、今の医療専門家のムラ社会では御用学者とか御用機関といった、厚労省にとって簡単に意思疎通できる便利な人間が、専門家、技官として重用されているからです。最初に立ち上がった専門家チームだって、誰がどのような基準で選んだのかと聞いても、誰もはっきり答えられないんですから。尾身茂氏という人は、僕が聞いている範囲では、それなりに上昇志向の強い人で、トップの序列でなければ嫌だというんだそうです。日本学術会議問題でも示されたように、学者や専門家の役割というのは何かという話と密接に関わっている話です。つまり、社会的な信用を得るために汗を流すとか、万人の幸福のために奉仕していることを忘れてしまい、権威や地位、ゼニ儲けに走ってしまう人が多いということであり、医学はそういうところと結びつきやすい歴史を持っているのです。

猿田　あえて逆ベクトルの話をしますが、政治家というのは政治生命がかかっているのに、それを野放しにしているのはなぜなのですか。その結果コロナが広がったら自民党だって非難されるわけですから、そこに介入して、感染者数を減らすような抜本的な政策を出せば良かったのに……。

白井　そんなマトモな発想が通用する国ではありませんよ。もう少し分析的に言えば、これは安倍政権を見ればはっきりしますが、一部の官僚の専制支配体制ができあがっているからではないでしょうか。変なことを言う医系技官に騙されないで、自分でリーダーシップを取ってやるというのが筋だと思いますが、安倍氏も菅氏もそうしませんでした。菅首相自身、気に入らない官僚は飛ばすということでやってきた政治家ですから、リーダーシップがあるように見られているのでしょうが、本当のところは誰が官僚の中でまともなビジョンを持っているのか、誰が利権のためにやっているのか、そういうことを見抜く力も意欲もないのでしょう。

金平　今日、日本中を見渡しても、圧倒的な知性と教養を持っていて、官僚たちをさばくようなステイツマンはいないでしょう。今のような情報量の多い世の中になってしまうと、個人の資質の問題ではなくて、システムの問題になってきます。さっきの話で言うと、児玉龍彦といった人がなぜはじかれるのかということです。コロナの感染について、その根拠を明らかにした上で正しいことを言っているのに、です。きわめて政治的、そして教訓的です。

猿田　私は日々、ニューヨークタイムズをネットでチェックしていますが、いまアメリカの感染者数は1日5万人程度なんです（2021年3月当時。その後6月には1日1万人強）。トランプ時代は、一番多い時には1日30万人以上だったのと比べると、バイデン政権になってぐっと減っています。これは、ワクチンの広がりなどいろいろな原因があるのでしょうが、バイデン氏が大統領になった時に、とにかくマスクをしましょうと全米に触れ回りました。トランプ氏の時は、マスクなんてかなぐり捨てていたので大違いです。

金平　大統領の姿勢が、コロナ感染にも影響したわけですね。ＰＣＲ検査をしなければデータが蓄積できませんから、対策をとるための判断材料がないというのは、常識のレベルです。それを抑制したというのは天下の愚策と言うしかありません。その抑制策はオリンピックが大きな影響を与えていて、開催するためには数字を小さく見せようという意図が働いたのは明らかです。メディアも含めて、ある種の共犯感覚があって、正論を排除していく方向に働いたわけです。異論とか反論とかがあるからこそ開かれた協議も進むのに、日本ではなぜそれを弾いてしまうのでしょうかね。

猿田　しばらく前に、あるレストランのオーナーが、夜間の営業を止めるというのは憲法違反だと、裁判を起こしました。その主張の内容については賛否あると思いますが、そういういろいろな意見が出てくることはとても良いことで、国が間違っていると思った場合には、ちゃんと声を上げるべきです。

金平　「コロナ対策と経済対策を両輪として」という理屈ですが、安倍氏は経産省出身の秘書官のグループに言われるままに、「これいいね」と飛びついたのです。それは「アベノマスク」も同じです。そもそも、くどいようですが、経済再生担当大臣がコロナ対策のトップになるということ自体がおかしいし、そんな国はありませんよ。僕らが払っている税金のうちの幾分かをバックするということですから、まともな先進国では当たり前の話です。社会的に弱い立場の人たちに対して、「見過ごせない」といってＮＰＯの人たちが一所懸命に対応しているのに、お上の方は関係ないという態度ですから、冷たい社会だなぁと思いますね。

猿田　PCR検査の遅れに加えて、ワクチン摂取も全く進んでいません。日本のワクチン接種率は、OECD37カ国で最下位です（2021年4月時点）。アメリカや欧州諸国ではかなり進んでいて、日本は先進国だと思っていたのに、周りでワクチンを打った人なんて一人もいないという状態が続きました。高齢者のワクチン接種が始まりましたが、現場での混乱は収まりません。日本って実はそんなに進んでもいないし、恵まれてもいないということに、そろそろ気付くべき時であり、災い転じてコロナ禍が改革の契機になればいいなと思います。

白井　コロナは日本がもはや先進国ではないことを証明しました。結局、10年前の3・11でこの国が戦後歩んできた方向が根本的に問われたのに、また東京オリンピックだ、大阪万博だ、カジノ構想だってやっているわけです。もっと遡れば、戦後日本が曲がりなりにもやってこられたのは300万人が死んだ戦争の教訓が生かされたからなのに、それが定着せず、戦争の記憶が風化してきています。それが今はっきりしてきたと思うんです。

金平　僕ら人間は、意識しようがしまいが、先人が積み上げたことを受け取って次の世代に渡して行く、リレーの過程にあるわけです。それが、次世代にどう受け渡し、何を残していったらいいのかが分からなくなっているという状況は、何とかしなければなりませんね。

白井　残念ながらあの戦争と同じくらい悲惨なことが起きないと、日本は倫理的に復活しないということなのでしょうか。あの原発事故は、東日本壊滅という、第二次大戦よりもっとひどいことになった可能性もありました。国破れて山河ありどころか、山河自体が放射能汚染で何百年も何万年も復元できないということもありえたわけです。

金平　日本でＧｏ Ｔｏとか言っていた頃、僕はアメリカに行っていましたが、さすがのトランプ大統領も、みんなで旅行しようとまでは言わなかったですし。

白井　Ｇｏ Ｔｏは、普段「ちょっとこんなところには泊まれないよ」というところにも泊まれてすごくお得です、という事業でした。それで旅行業界を援助するといっても、手厚く援助されたのは、業界のアッパークラスのところだけでした。こういうところも実に自民党らしい政策でしたね。Ｇｏ Ｔｏをやらなくても多分、感染は拡大しただろうと思いますが。しかし、あれで感染をコントロールできると思っていたところがすごいなと思います。統治の崩壊ですよ。「アベノマスク」は調達不明瞭で、２６０億円もかけて使用したのは数％しかありませんでした。次に出てきたのは、架空の団体を作ってやった持続化給付金事業の中抜き問題でしょ。しかも、ポチョムキン村の手法で事務所をでっち上げて隠蔽しようとした。あれも結局うやむやのままですが、本来ならそれだけで大臣の首が飛ぶような話だと思います。

コロナ対策の予算そのものは、日本は世界でも有数の規模のお金を投じたのですが、それでまともな対策ができていないのは、公金のぶんどり合戦になっているからで、典型的な腐敗国家ですよ。オリンピックも同じことで、壮大なる税金ぶんどり競争です。

猿田　「辞めるとお金が流れなくなって大変なことになります」と言うんですよね。

金平　ＩＯＣ的にはアメリカのテレビ放送局と契約した膨大な放映権料ですね、ＮＢＣの放映権が圧倒的なんですから。大型スポンサーも含めて、ＪＯＣもガチガチに固まっているではないですか。そうした腐敗構造は、やはりコロナ禍による不安が基調になって明るみになってきているのです。

猿田　そうしたことを明らかにするのがジャーナリズムの役割ですが、そのジャーナリズムはこの1年を経て、強くなったのでしょうか、弱くなったのでしょうか。

金平　すごく弱くなったと思います。報道の自由も、ある種の規則に従った上での自由ですから。

白井　ジャーナリズムが弱くなったというより、人間が弱くなったのだと思います。その結果としてジャーナリズムも弱くなったのです。

金平　例えば官房長官や首相の記者会見を見ると分かります。質問を制限し、しかも事前に聞き回って台本を書いて読み上げる、それが当たり前のようになり、新しく入った記者などは「記者会見ってこういうものですよね」ということになってしまいました。それ以前には、官邸側と記者が罵り合いになったり、記者みんなが一斉に退場することもありましたが、そうしたことは伝承できていません。さっき白井さんが言っていた、原発事故でもそうです。日本は地震国だから原発は危険だと思い知ったはずなのに、また再稼働だとか言っているでしょ。今でも覚えているのは、六ヶ所村の再処理工場に取材に行った時に、ここに貯蔵されている放射性廃棄物の管理はどのくらいのレベルでできるのでしょうと聞いたら、所長みたいな人が「5万年です」と真顔で言うんですよ、びっくりしました。5万年といえば、ネアンデルタール人まで遡るような年月ですから。だから、伝承というのは大事なことなのです。ジャーナリズムに限らず、アカデミズムも、法律、出版、ビジネスの世界もそうです。それが今あらゆる意味で漂流しているのです。

猿田 コロナ感染の緊急事態宣言は2020年の5月末に一旦解除されましたが、11月ころからまた感染が広がり、今年1月には2回目の緊急事態宣言に入りました。その後、感染力の強い変異株の感染が拡大し、4月には3回目の緊急事態宣言を招くことになりましたね（オリンピックを目前にした7月には、東京に4回目の緊急事態宣言が発出された）。

金平 緊急事態宣言について言えば、本質的な問題として私権の制限があります。人間の行動の自由、移動の自由、表現の自由、営業の自由を公権力が制限するわけですから、それによって失われたものをどのように補填していくか、ということです。我慢するとか自粛するということが美徳のようになっている作風を見直なおしてみなければなりません。最初はパチンコ屋が標的になり、次いで夜の街が対象になりました。

白井 歴史を遡ると、ペストの時はユダヤ人がペスト菌を広めているのだと言って差別されたわけでしょう。関東大震災の時には、朝鮮人が井戸に毒を入れたというデマが流され、社会主義者ともども虐殺につながりました。そういう差別偏見の構造が、コロナ禍においても、「パチンコに行くような奴はろくなものじゃない」「夜の商売なんかしているのは救いようがない」といったことに繋がっているのです。

金平　今や移動している人みんなが対象です。新幹線の新大阪駅で降りたら全員、検温機で体温を測られます。私権制限について、僕らが勝ち取ってきた権利とか自由がどういう所産のものなのかということについての意識が、薄まってきていないか心配になります。

白井　ただ私は、少し違う感覚を持っているというか、そういった近代的な概念の脆弱さを思い知らされている気がします。京都などでも、疫病に対する恐怖感・嫌悪感はすごく、よそ者は来て欲しくないと思っています。あれだけ観光業で稼いできた街でもそうですから、たぶん他の地方都市も同じだと思います。田舎では、よそ者がコロナを運んで来るのではないかという嫌悪感や恐怖感は、都会の人間の想像以上のものがあります。

金平　僕も、島根県知事の取材に行けと言われた時、島根の方から来てほしくないと言われました。富山にいる母親も、帰省しないでと言ってきました。施設に入っているので、1年に1回、暮れには帰ろうと思っていたのですが。

白井　京都産業大学でクラスターが発生した時の大学に対するバッシングはすごいものがありましたね。その当時私が住んでいた賃貸マンションは、ちょうど京産大の学生がたくさん住んでいるエリアで、クラスターが発生したのもすぐ近くの商店街の飲み屋でやったコンパでした。緊急事態の宣言期間中にさすがに髪の毛が伸びてきたので、商店街の理髪店に行ってそこの店主と話したんですが、「この商店街の通りを歩くとコロナにかかる」と噂されていたそうです。どうも現代人は、科学の恩恵は喜んで受けるけれども、精神は科学的にならないようです。

金平　今では東京で新たに何人とか、毎日の速報で入ってきます。そもそも、コロナに感染した人がまるでバイキン扱いされるような傾向がありますが、その人にどれだけ責任があるんですか、その人は悪人なんですか、排除されなければいけないのですか、ということです。だけど実際には、行政の対応とか政策の立案過程で、感染者はできれば、遠ざけたい存在といった感情が影響していると思います。学校を一斉休校にした時だって、学校がバイキンだらけになったら困るといった発想だったわけです。「報道ステーション」（テレビ朝日系）の富川悠太アナが、コロナに感染してしまった時にも、バッシングされたでしょ。彼は別にどこかホットスポットに取材に行ったわけでもなく、コロナには気をつけていたのですが。

猿田　特措法（新型インフルエンザ等対策特別措置法）の改正が閣議決定され、入院を拒否したコロナ患者に刑事罰を導入するという議論がありました。しかし実際には、感染者が入院したいと思っても病床が足りなくて入院できずに家で亡くなっているという現実があるのに、「入院しなければ刑事罰」というのは、いま議論することなのか、まずは医療機関を充実させ、感染者、希望者を全員入院できるようにすることの方が優先ではないか、と思うのは私だけではないはずです。法律家的に言うと、立法事実（法律を作る際に、その必要性や正当性を示す社会的事実）がないということもありますし。

白井　罰則を決める前に、まずは希望者全員が入院できるだけの態勢を作ることが先決ですね。車がない世界でひき逃げ罪がどうのこうの、みたいな話です。

2. コロナ禍で可視化された貧困・格差と「自助」「利他」

猿田　ウィズ・コロナと関連して、今までだったら表に出てこないような貧困と格差が生じていますが、この問題について改めて深掘りして検討してみましょう。

例えば、子どもの貧困が7人に1人だという数字が出ています。母子家庭の子どもの割合が高いという現実があります。また、首切りに遭いやすい非正規雇用の人たちは女性に圧倒的に多く、格差の拡大もあります。最近私が衝撃を受けたのは、学生対象の調査で、経済的困窮により生理用品を買えない女性が20％もいたという事実です。それは一例にすぎなくて、日本にここまでの貧困層が存在するということ自体、これまであまり表面化していませんでした。一億総中流という言葉の印象がいまだ生き残っている中で、こうした問題を露骨に突きつけられると、どういう未来となるのか、考えさせられます。

白井　自殺者も一家心中も増えていますよね。

猿田　フランスの思想家ジャック・アタリが「利他的」に行動するべきだと言い、この発言もとても有名になりました。このコロナ禍が、人々が一度足を止めて、目指すべきものが見えるような機会になればいいのですが。

金平　アタリが「利他主義」って言い出した時に、〝欧州の知性〟とも称されるこの人がついにこういう言葉を言うようになったのかと驚きましたね。今の日本と真逆のこと言っているわけですから。

猿田　日本の首相は「自助」ですから、確かに真逆です（笑）。

金平　今こそ利他なのだという考え方の根本は「脱成長」と同じです。成長なくして改革なしという時代がありましたが、成長って何なのかとか、自分だけ良ければいいのかと疑問を持つ人が増えています。10年前の3・11の時には多くの人がそう思ったはずです。とくに原発事故は成長至上主義の結果として起きたものでしたから、やっぱりこれではダメなのだとみんな思っていました。地震は自然災害ですからやむを得ない面もありますが、原発事故はどう考えても、僕らの判断が間違っていたわけです。僕はもともと、原発は人類と共存できないという考え方でしたが、原発神話を倒せないままああいうことが起きてしまいました。あの時、最大のデモが起きたのは、日本ではなくてドイツですよ。もうこれで原発政策の息の根が止まるだろうと思っていたのにもかかわらず、どんどん押し返されて、再稼働が始まっているわけです。

ドイツ在住の作家・多和田葉子さんも原発事故から10年を迎えるのを前にベルリンで開かれた反原発デモでスピーチし、「各国は原発の運転を即時停止しなければならない」と訴えたではないですか。反原連などの運動もありましたが、原発に反対するさまざまな運動の中でも「内ゲバ」

みたいなことが起きていています。総論としては原発反対ですが、やり方の違いをめぐってね。なぜこんなことになってしまったのかと考えた時に、利他主義とか脱成長という考えが注目されているのです。つまり、僕らの今までの考え方はもう古いのだ、間違っていたのだということを認める勇気が必要なのです。

白井 それがないのですよ。この10年間で突きつけられたのは、そのことだと思います。2011年の段階では、あれだけの大惨事が起こって、日本がどちらに進むのかが問われた瞬間だったと思います。しかしその後、残念ながら圧倒的な反動に覆われてしまった。その結果が安倍晋三超長期政権だったと思います。全般的に見れば、それが国民の心情にマッチしていたということなのでしょうね。エリート層について見ても、原発に関して言えば、端的なのは財界の有力者の中で原発はダメだという明白な態度表明をした人って皆無ではないですか。

金平 城南信用金庫くらいかな。

白井 そうですが、あそこは大きい企業とは言えないですよね。主要な財界人、政府や霞ヶ関の中枢について言えば、「やっぱり続けよう」ということです。だから今度は日本製の原発を世界に売り込むのだという、気の狂ったような輸出政策が出てくるわけです。東芝などがそれに乗っかりましたが、一つも売れないというので粉飾決算をせざるを得なくなって、ほうほうの体で原発から撤退していくことになりました。国家の方針と重電メーカーの選択は不可分ですから、政府は政府で企業の空気を読み、財界の中心にいる企業も政府の空気を読んだ。「原発は国策なんだから」「ここまでやってきたものを止めるわけにもいかないだろう」「国民が騒いでいるからと言って国の方針を変えたら、明治以来の体制が揺らいでしまうからな」と、こういう考えですよね。

猿田　支配層にはプライドもあり、間違ったからといって簡単に責任を認めるわけにはいかないという意地もあると思いますが、やはりそれを許している国民の意識の問題も大きいのかなと思います。

金平　僕はここのところ貧困問題の取材にも関わっていて、非正規雇用の人、料理を宅配するデリバリーをしている人、あるいは在日外国人などから話を聞いています。そこから、弱い立場にいる人たちはますます弱くなり、強い立場にいる人たちはますます恩恵を被るという構造が見えてきます。階層とかいう言葉ではなく、もう乗り越えられない生来の「階級」というものが、コロナの時代になってあからさまに可視化されてきたという印象です。なぜこんな酷い目に遭わなければいけないのかという不条理感を、否が応でも認識せざるをえなくなっています。一昔なら、階級によってもたらされる不平等や偏見、差別といったものを打ち壊したいというユートピアニズム的な思いを共有する人たちがいました。しかし今は、日本人の中にそうした平等、公平、社会的正義、格差の解消を目指そうというエネルギーは失われてきていて、なかなか希望を見出せません。

猿田　現実はそのとおりで、肌感覚も違い始めているのに、先ほど述べた通り一億総中流という感覚もしぶとく残っている。そうした見せかけの日本社会と現実のギャップがあるのに、それを認めたくないのです。アメリカでは格差がものすごいから、そもそも「三億総中流」などという言葉はありません。アマゾンのCEOなど富裕層は今でもウハウハで儲け続けており、一方で三度の食にありつけないホームレスがニューヨークの地下鉄には大勢います。日本も格差は拡大し続けて相当ひどい状況になってきているのに、何となく「総中流だよ、私たちは」という建前がまかり通っている部分がありますね。

金平　「総中流」という言葉の前提には、日本はアメリカのような多様な社会ではなく、均質的な社会、ホモジニアスな社会だという建前があります。少なくともそう思いたいという信仰がありますから、日本人は「一丸となって」といった言葉が好きなのです。

白井　そこでは貧しい人はいないことにされます。しかし一億総中流という感覚に関して言えば、大分崩れてきていると思います。学生でも、自分は「中」ではなく、むしろ「下」であるという感覚を持つ人口が増えてきている。しかし、その次がないのです。「下」であるならば、いつまでも馬鹿にされているのは我慢ならないとか、われわれらしい世界や文化があるはずだという、ある意味で階級的な主張がないのです。

猿田　横のつながりという意識がないことから、階級的な意識がない、とおっしゃっていますか？

白井　私は自己主張をしなければ階級ではないと思います。「階級」という現象には客観的な次元と主観的な次元があり、客観的には、資産の量とか所得とか数字で分けることができます。一方で主観的には、「自分はこの階級なんだ」という自覚がなければなりません。今はその自覚は少しずつ出てきているのでしょうが、その自覚に立った上で、どう生きるのか、どう闘うのか、という意思が薄いのです。階級意識とか階級文化というものは事実上あるのだけども、それが自己主張にまで高まっていないので、単にマーケティング屋が扱う道具になってしまっています。10年以上前から指摘されていますが、例えばスマホゲームはその典型だと思います。ソーシャルゲームや恋愛ゲームだとか美少女ゲームだとかいったアプリに中毒的に入れ込ませる。この業界のある有名な会社の社長が、大学生向けの会社説明会で言い放ったことには、「大学生の皆さんは、うちが出している商品などやったことないでしょうが」、と。売っている当人たちが明らかに、「こんなものに入れ込む連中はバカだ」と思いながら売っている。つまりは、下流ビジネスであり貧困ビジネスなのです。

猿田　社会には、社会の被害者たる生活の苦しい下層の方々から、ミドルクラスだとかアッパークラスであるといった経済状況の違いが、どの時代にも一定ある。しかし、「階級」は単なる経済格差とは違うということですね。

白井　はい、その通りだと思います。階級とは、客観的であると同時に主観的なものでもありますよね。その意味では一億総中流の時代の日本人の多くは中流階級意識を持っていたと思います。そのなかで日本的な「みんな一緒だよね」という同調圧力もあって、そこそこの生活ができ、自分も隣人も幸福であるという状況が望ましいよね、という社会道徳、社会観というものが共有されていた。それが、90年代以降のグローバル化の中でググッと崩れていったのです。

金平　僕ら一世代古い者から言うと、例えば「キャラメルママ」というのがありました。僕らは大学の入学式や卒業式などには、自分の両親が来るなどということはすごく恥ずかしいという認識がありました。ところがたまに大学受験の時に親が心配でついてくる学生がおり、僕らはそれを揶揄して、「キャラメルの差し入れをするママがいるよ」などと言ったものです。それが今は、大学の卒業式にはみんな羽織袴を着て親と一緒にくるじゃないですか。「一生に一度のことですから、親が駆けつて記念撮影をしたりするのが、何が悪いんですか？」と言うのです。もちろんその陰では、授業料も家賃も払えない学生が増えているのですが。

もう一つ例を挙げれば、ユーミン（松任谷由実）のことを見ていて、これは階級的変化を示しているなと思ったことです。音楽好きな個人の立場から言うと、中島みゆきと松任谷由実は、両方とも僕は好きですが、そこにはいかんともし難い「隔絶」があるんです。中島みゆきを聞いてきた人と、松任谷由実を聞いてきた人は階級的に感覚が違うと思うからです。これは不可逆的だと言っていいくらいで、恐らく僕らの世代の人間にしか分からないでしょう。

考えさせられた話があるのですが、１９７１年の渋谷大暴動事件で指名手配され逃げていた中核派の人物が何十年か経って逮捕され、家をガサ入れされた時に、中島みゆきのカセットやCDが一杯出てきたそうです。警視庁がそれを発表した意図は分かりませんが、まさか「中島みゆきなんか聴いているからこんなふうになるんだ」ということはないと思いますが。ところが、最近テレビのコマーシャルを観てビックリしたのですが、中島みゆきの「ファイト」が商品のコマーシャルに使われている。この曲は、「闘う君の唄を闘わない奴等が笑うだろう」という、当時の人たちにはギクっとするフレイズがあり、自分たちの生き方を代弁してくれている歌手がいるんだと言うくらいの思い入れを持って聴いていた人も多いのです。自分の記者としての経験でも、天安門事件が起きた時のことです。戦車が学生を轢き殺したりして酷いものでしたが、僕は夜のニュース番組を担当していてそのミニドキュメンタリーを作り、そこに「世情」という中島みゆきの曲（歌詞に「シュプレヒコールの波　通り過ぎてゆく」と繰り返される）を付けて放送しちゃったんですね。それは、その時の自分たちの気持ちとその曲がシンクロしていたからで、当時の何人かのスタッフでそれを使おうという話になったのです。大袈裟に聞こえるかもしれませんが、それくらい歌というのは、階級的な状況と密接に関係しているわけです。

安倍晋三首相が辞任を表明した時、松任谷由実は、「会見を見ていて泣いちゃった。同じ価値観を共有できる仲良しだから」といったことをラジオ番組で言ったでしょ。今の時点だから少し落ち着いて言えるのですが、率直に言って、安倍氏に対してあんなシンパシーを臆面もなく話す彼女に落胆しましたね。あの時、白井さんも同様の趣旨の発言をしてネット上で叩かれていましたが、言い方はともかく、今でも僕は落胆の思いは変わっていません。こんなことを書いたらこの書物も炎上してしまうかもしれません。誤解をされては困るので付け加えますが、彼女の歌自体はすばらしいと思いますよ。でもそのことも含めて、歌、および歌手のありようにも截然とした階級性のようなものがあると思いますし、世論の動向も変わってきていると言うことができます。

猿田　本当に階級が分かれているのであれば、下層階級とされてしまう人たちが声を上げ、支持する方向性とリーダーとが生まれて然るべきです。けれども実際には、そうした人たちには、安倍晋三氏に票を入れる人が少なくなくありません。少し前ですが、小泉純一郎氏が、自民党にとってどこが票田かということをグラフにし、学歴が低く貧しい層がターゲットだと露骨に示したのがバレて、すごく批判されたことがありました。アメリカでも、トランプ派を応援している人は最下層に多く、そうした格差・貧困をなくそうとしているサンダース派の方がむしろ学歴も高くて知性もある人が多い。その捻れが、昔の階級闘争の時代とちょっと違ってきているのではないでしょうか。

白井　それは、昔も今も共通しているところがあります。例えば、戦前の共産党員がどういう扱いを世間から受けたかというと、「アカ」だと言われていじめられたわけですが、共産主義運動の担い手の多くがインテリだったわけです。日本に限った話でもありませんね。

金平　確かに、前衛党とか社会運動のリーダーといった、困った人たちを導く立場の人がいた時代と今は、違ってきていると思います。一番矛盾に晒されて弱い立場にある人たちが、自分たちの声や要求をきちんと方向づけて、何らかのアクションに移していく過程というのは、昔と今では違う。何か違ったメカニズムが働いており、それは抽象的ですが、「惹きつける力」といったものではないでしょうか。人の行動スタイルってすごく大事であり、淡々とやっているけれどこか輝いており、それを見ていて人が集まってくるような場合です。自分の経験から言っても、カッコ悪いものにはついていきたくありませんね。検察庁法改正がひっくり返った時のことを考えても、SNS上で大きな抗議（ツイッター・デモ）が巻き起こりましたが、あれも一つのスタイルではないかと思います。

3．生きる意欲の衰退を招いた「リア充」的精神の広がり

白井　金平さんがおっしゃったように、この10年間で格差は広がり階級的な実態が可視化されてきたことは事実です。しかしそれにふさわしい運動が起こってこないのは、やはり国民の精神的な停滞が続いて深刻化しているからです。かっこいいもの、見ていて快いもの、その向こうにある正しさとか公平性といったものに対して、ネガティブな反応を示すようになっています。

例えば「リア充」という、リアルな生活が充実している人を揶揄するネットスラングがだいぶ前から存在しますが、これはルサンチマンですね。ルサンチマンを抱えていることを大っぴらに表に出すことが普通になってしまった。そのこととオタク的表象のあられのない洪水的広がりは通底しているでしょう。何もかもが美少女アニメの絵柄で覆い尽くされる。そこにはロリコン的

欲望の表出があるわけですが、それは「普通の女性には相手にされないんです、私は」と白状しているのに等しいわけでしょう。「それで恥ずかしくないのか」という話なんですが、そう指摘すると「お前はリア充だ」とか言って糾弾されます。そんな不本意なことは恥ずかしくて言えないというのが世界の常識ですが、「こんなに言えちゃう日本人って何なの」と思いますね。

猿田　自分の置かれている立場を正当化しないと人って辛すぎるじゃないですか。自分はそんなに悲惨じゃないという正当化能力、防衛本能が、日本人は他の国の人と比べて高いのではないかと思います。白井さんの例で言えば、「僕はゲームの中でしか恋愛できないむなしい存在なんだ」と思うよりも「こっちはこんなゲームを楽しむ日々を送っているんだ」と思いこまないと、生きていく意味がなくなるのではないですか。

金平　社会的な認知システムというか、他人に認めてもらうという評価に、がんじがらめになってしまっているのかなあ。

白井　やはり「リア充」という単語が出てきた辺りから、決定的におかしくなってきたと思うんです。「リア充」という言葉には、「自分は二次元の女の方が良いんだ」みたいな開き直りがあるわけですが、それって、自分のリアルな生活、リアルライフは充実していないということでしょう。要するに、自分の幸福追求を放棄するのです。「あなたにとって幸せな人生は何ですか」という重い問いから背を向けて、「チクショー、リア充ムカつく」と言って立て籠もるわけです。

猿田　実際に本気でムカついているというより、自己防衛本能から「自分はそれなりに幸せだからいいや」と思っているのではないですか？

白井　でも何処かで分かっているんじゃないですか、こんなのは幸せでも何でもなくて、本当は惨めだと。「リア充」と言っている人たちの「充実」のイメージって非常に貧困なのです。「楽しそうなパーティをやっている」といったことが「リア充」だと思っているわけです。一見派手にパーティをやっている人たちが本当に幸せかどうかなど分からないのにね。アメリカでは「インセル」という言葉が確立しています。モテなさすぎて発狂した人たちといった意味ですが、「自分は二次元で良いんだ」などとは大っぴらには言えない社会で、それは唾棄すべき生き方だとしか見られませんから、限りなく鬱屈して機関銃を乱射したりする。日本のオタクカルチャー的なものへの耽溺もインセルのカルチャーだと思いますが、日本の場合は、そういったコンテンツを大っぴらに消費できる環境があるので、それは自己防衛にも、同時に社会防衛にもなっているのです。

金平　今の話を聞いていると、人生は充実していなければいけないという強迫観念があるということですが、全くツイていない、充実していないということの方が普通だと思います。コロナ禍で言うと、健康でなければいけないということでしょうが、人間は病気になるのが普通なのに、社会の要請として、病気は撲滅しなければいけないという空気になっています。充実していない人、病気の人は価値がないんだといった強迫観念を強いるような社会のシステムがズーッと続いてきていることが、今の生き苦しさの根底にあるような気がしています。それは国民の精神的停滞が奇形化したことの表れかもしれませんが、「なぜそんなに無理しているんですか」「人間ちょっとしたきっかけがあれば幸福になれるではないですか」ということです。それが今は、幸福であることのお手本があって「ここまで行かないとダメだ」という思いにかられる。健康な人間にしても、「ここまで心がけているのだから病気になんてなりません」というのが正しい生き方みたいになっています。しかし僕は、いろいろな人間がいるわけだから、失敗したり成功したりするのが当たり前だし、不平等や理不尽なことに何か物を言ったり注目する人間がいるのも当然だと思います。現状肯定だというわけではありませんが、「それはダメだ」と全否定する強迫観念を個人に迫るような在り方は、よくないと思います。

白井　私は少し違った印象を持っています。ガンガン稼ぎまくるという猛烈近代型というか猛烈資本主義型という人々は一部にはいます。例えばスタートトゥデイ社長の前澤友作さんとかユニクロ社長の柳井正さんなどがそうですが、全くの少数派です。日本社会全体の構造から見ると、金への執着が薄くなってきているのではないかと思います。安定した階層、あるいは安定できると思っている人は、「自分が勤めている間は自分の給料が出ればいいや」くらいの欲望で落ち着いている。

猿田　確かに、中国の人たちのようにお金儲けに一生懸命で、ストレートに突き進むという感じは日本人にはあまりありませんよね。「ワールドハピネスリポート」というのがあり、主観的な幸福度を中心にランキングを発表しているのですが、２０２０年の結果では日本は世界で62番目です。1位フィンランド、2位デンマークなど北欧が例によって高く、ヨーロッパの国がそれに続き、韓国は61位、94位が中国で、アフリカの国々は皆あまり満足していないという結果になっています。日本は先進国の中では低いという結果ですが、どう評価したら良いのでしょうか？

金平 なるほどね。でも、コロナ対策を見ても動かしている動機はお金じゃないですか？ＧｏＴｏといった愚策に示されるように、「経済との両輪」の中身は金儲けです。

白井 お金第一主義なんですが、タカリ根性なのです。戦後日本の資本主義はすごい成長をして世界を制覇する栄光の時代がありましたが、その再来を望むなら、公金にたかって会社の業績を伸ばそうというケチな根性では取り戻せるわけがありません。だから、金儲けの精神も根底において、矮小になっていると思うんです。

金平 額に汗して労働することによって豊かになるという考えがないのでしょう。だからコンビニの店員も、清掃業の人も、ウーバーイーツも、看護と介護に従事する人たちも多くを外国人に頼っています。日本の若い人たちは、「そんなの俺たちの仕事じゃないよ」と思っているわけです。その根底にあるものは何なのかと思いますがね。

猿田 それは格好が悪いとか、辛さに見合わないとか、低賃金だからとかいうことでしょうね。働き方の意味で言えば、「24時間働けますか」のＣＭの時代からすると、過労死とか家族の犠牲といったことにも関心が寄せられ、あまり働き過ぎないようにという抑制は一応社会に担保されつつあります。男性の子育てや家事への参加などをみても多少は改善していると思うので、一概に否定はできないとは思います。ただ、日本では「公共」の価値が軽視されていて、人口比の公務員の数はアメリカよりも少ない。福祉国家が軒を連ねるヨーロッパよりも少ないのは分かりますが、「小さな政府」を掲げるアメリカより少ないんですよ。でもそれを認識する日本人は本当に少ない。日本は「国民皆保険もあるし、恵まれている国だ」みたいな一億総中流に繋がるマインドセットだと思いますが、勘違いが甚だしいのが気になりますね。

白井　繰り返しますが、コロナ禍で、もう日本は先進国ではないという現実を突きつけられました。一人当たりGDPも韓国に抜かれました。それでこの東京五輪は中止にするの、それともこのまま開催するの、という大変な事態になりました。私たちがつくってきた社会は何か根底的に間違っていたという認識に立たないとどうしようもない。ですから、日本人は一回死なないとどうしようもない、一回死んでそこからどうやって再生するんだ、という話だと思っています。

金平　死んじゃったらしょうがないでしょう？

白井　もちろん象徴的意味においてです。でも既に死んでいるんですよ、死んでいることに気づいていないだけで。そのことにどうやって一刻も早く気づくのかということだと思います。この10年間ずっとそう思ってきました。だからコロナと五輪の話では、われわれは実はもう死んでいたのだという認識がじわじわと広がって行かざるを得ない。希望があるとすれば、私はそのことに気づくことにしかないと思います。

金平　ポスト構造主義の精神分析で知られるスラヴォイ・ジジェクのように、「絶望する勇気」

を言う人もいますが、魯迅の小説に出てくるように、奴隷のまま生きるという選択肢もありますよ。奴隷が奴隷であることの本質は、奴隷であることを苦痛と思っていないことです。「奴隷で何が悪いの？」と、むしろ選択的に奴隷を選ぶ人たちだっているかもしれない。「お前らもう死んでいるんだよ」と言われた時に、返ってくる答えを想像するに、そうした人からは反発の声があるかもしれません。

白井　「死んでいて何が悪いんだ」「これが楽なんだ」とね。そのような生き方や心の在り方は醜いとしか言いようがないです。その醜い在り方、心性はこの10年でグッと広がってきた。それが「冷笑系」と言われるものだったりする訳です。だからこそ安倍政権、菅政権は、これだけ酷いことをやっても、その輪の中で権力を保持し続けることができているわけです。

金平　SDGs、生態系、気候変動、それに疫病も含めて、それらが人類や地球の存続の限界といった話と結びついて語られています。今の世の中、中国も含めて資本主義でしかないのに、今なぜ「資本主義の限界」という言葉が出てきているのか、分かる気がしますね。そこから僕は、違う価値観が出てくるのではないか、危機の出口や次への希望が見つかるのではないか、と感じています。だから、白井さんや斉藤幸平氏の論究に注目をしているのです。

白井　結局、人を立て直すしかないんだと思いますね。メディアの劣化にしても、人が劣化したからそうなっているという話ですから、それは小手先ではダメです。権力とメディアの歪んだ関係の根っこにある記者クラブを廃止せよとか、一つの資本が複数のマスメディアを傘下におくクロスオーナーシップを廃止せよとかいうことはもちろんそうした方がいいのですが、結局は人間の問題に行き着くのだと思います。

金平　人間の劣化の話についてですが、一つだけ最近あったことについて言うと、日本テレビで、アイヌについて「あ、犬だ」といった差別的なギャグを収録した時に、みんな笑って誰一人問題を指摘しなかったんです。そのことについて、同じテレビ人である僕の仲間が「ここまでひどくなっているのかと、情けなくなった」と言っていました。これって、ジャーナリズム全体の水準からいうと劣化であり、そうなっているのはおっしゃる通りだと思います。

猿田　あまりよい展望を見出せていないのですが、少なくともそうありたいと自分で考えたものを体現するモデルを示し続けたいと思っています。そこで思い出したのが白井さんが『論座』に書かれた記事です。白井さんは常にネガティブなんですが（笑）、いろいろ問題のある社会について触れた最後に、「自分のできることは、身近なところで問題を感じたときにそれを指摘し続けること、動き続けることだ」と書いてあり、本当にそうだなと思いました。私はそういう指摘を身近なところですることが自分自身決して苦手とは思いませんが、しかし、白状すれば、それを行うときに自分が抱かざるをえない心理状況が好きではないんです。国会議員の勉強会などで自分の意見を言うことには全く躊躇はしませんが、保育園や小学校のママ友など周りの人に対しては、「これ、おかしいですよね。変えた方がよくないですか？」と一言言うのにもめちゃくちゃ勇気がいるわけです。めんどくさい人だな、と思われるだろうな、とも思うし、がんばって発言した結果、「私もそう思ってました！　変えるために一緒にがんばりましょう」なんてことにもなりっこないのも分かっている。ハレーションを最低限にするために気を使って話すのも面倒くさい。でも、間違っていることは間違っているから変えなきゃならないし、そのためには他の人に話しかけなければならない。しかも、そもそも私が一番変えたいのは日本人の無関心や社会を変えていくための活動への参加の欠如。ということで、結論的には、父母会でも地元のコミュニティでもできる限りいろいろ提案し実行には移しています。が、それでも、この社会へのあきらめ感から入るこの心境はいつになっても好きになれない。それで、白井さんが『論座』で「指摘し続けよう」と書いているのを見て、「お、珍しく白井さんが前向きな話をしているな」って思いました（笑）。私も、悲観的になりすぎず、本来は、心からワクワクしながら声かけができればいいんですけどね。「これ変だからみんなで変えちゃおう！」「そうだそうだ！」「ワイワイ」みたいな形が理想ですよね。

4. 喫緊に問われている脱原発と復帰50年の沖縄問題

金平　そうしたことを考えますと、じゃあ今後どうしようかという話になります。どういう政策を実現させるために、どういう政府が欲しいかということです。で、コロナ禍に関しては明らかにしてきましたが、原発と沖縄という二つのことを考えると、安倍政権以降の政策は耐え難いレベルに達しています。次の政権は、少なくともこの二つに関しては、即見直しをして政策を転換してもらわないといけないと、僕は思っています。

猿田　原発に関して言えば、脱原発については国民的合意があるといっていいほど原発反対の声は強く、福島第一原発事故以来、ほとんどが稼働できないできました。それがこのところ、再稼働はもとより、新設・増設という話すら出てきています。「化石燃料由来の発電を減らすためには原発は大切」との政策に固執する自民党・政府・財界には全く期待できませんが、立憲民主党も脱原発のトーンを抑えています。長野県の参院補選で反原発の協定書を作った時に、クレームが連合から入り、枝野幸男さんが連合に謝りに行きましたよね。また、自分たちが政権を取っても、すぐには原発は止められない、と枝野さんは西日本新聞のインタビューで言っています。

金平　あれ、すごいハレーションを起こしましたね。とにかく、この流れだけは一刻も早くケリをつけて欲しいですね。

2回目の鼎談で話し合った通り、日米同盟について今までの構図がより強くなると、絶望的なことにならざるを得ないのが、沖縄の辺野古問題です。先日、「沖縄タイムズ」の阿部岳記者が共同通信と組んで面白い記事を書きました。陸上自衛隊の水陸機甲団が辺野古新基地に常駐することを、陸上自衛隊と米海兵隊が2015年の段階で極秘に合意していたという話です。石破茂元防衛大臣や岸信夫現防衛大臣が、話はあったが正式な合意ではないと釈明しましたが、正式な合意ではなく現場で握っていたからこそ重要なんですよ。つまり、将来的に、自衛隊と米軍は沖縄をベースに共同作戦をやっていこうという話ですから。それって、アーミテージ・ナイ・リポートで言うところの「応分の負担」で、日本が果たすべき役割がこれで完成される方向に行くわけです。そうすると、20年というレベルで見れば、現場で反対している人たちや沖縄戦を実際に経験した人たちがこの世からいなくなってしまい、沖縄戦の遺骨が入った土砂で埋め立てようが何をしようが関係ないよ、といった話になりかねません。来年がちょうど本土復帰50年ですが、その機会を一つの節目として、この動きをどう沖縄の人たちとともに提起していくのか、すごく大事な話になります。

本土復帰50年にあたっては、恐らく、本当に復帰してよかったのかが根本から問われると思います。辺野古の埋め立てにしても、50年経つのにあと何十年かかるか分かりませんが、本当にこんなものが要るのか、という選択です。外交の劣化の現状を踏まえれば、これらをきちんと提起していかないとダメです。僕は、沖縄のことはわが身のことだという思いで地元の人たちと交流してきましたから、あえて言うのですがね。

猿田　コロナ禍がニュースのほとんどを占めてしまったために、沖縄の問題をはじめ本来議論すべきことが封じ込められてしまいました。実際の反対運動も、人が何万と集まる県民大会などは一切できなくなりました。前に申し上げたように玉城デニー沖縄県知事の全国トークキャラバンを1年間担当させてもらいましたが、それもできなくなり、知事もコロナ対応で手一杯になってしまいました。一方、辺野古の埋め立て工事は、当局が粛々と続けています。そういう意味で、市民の自由な意思が表に出てくる機会を失い、民主主義にとって危険な事態になっています。

白井　辺野古は、少なくとも政権交代をしなければ、止められないでしょう。さらに怖いのは、政権交代そのものも難しいのに、政権交代をしても止められないかもしれないということです。猿田さんにお尋ねしたいのですが、辺野古は絶対止めなければいけないという覚悟は、今の立憲民主党の幹部にあるのでしょうか？

猿田　私がその質問に答える立場にあるかどうか分かりませんが、やはり、民主党政権当時の幹部の方々には、あの辺野古のせいで鳩山氏は政権を追われた、そのまま民主党は勢いを落として政権を自民に奪還された、というトラウマがすごく強いのだろうと思います。立憲民主党ができてしばらくの間は、辺野古の埋め立てについて反対どころか中止ということも言いませんでしたから、私の新外交イニシアティブ（ND）でも提言などを作って働きかけをしてきました。これでは沖縄で立憲民主党の人気が出るわけがありませんよね。沖縄の選挙では、昨年の県議会選挙でようやく立憲民主党の県議が1人当選したに留まっています。

白井　沖縄3区の屋良朝博衆議院議員が立憲民主党所属となりましたよね。

猿田　デニー知事の知事出馬に伴い空いた衆院選挙区をNDの評議員でもある屋良さん（元沖縄タイムス論説委員）が勝ち取り、その後政党の再編があって、最終的に屋良さんは立憲民主党籍になりました。立憲民主党に屋良さんのような人がいることは、防衛政策についてとても詳しいし、沖縄出身だし、すごくいいことだと思います。軍事的にも見ても辺野古に基地がなければならないなどということはない、と何十年も言い続けてきた方です。もっとも、屋良さんは、国会で何を言っても政府は聞く耳を持たない、どんな軍事的論理を説明しても中身のない返事が返ってくる、沖縄の民意を掲げて戦い続けるしかない、と嘆き続けています。

私たちNDでも、屋良さんや柳澤協二さん（元内閣官房副長官補・ND評議員）にも入ってもらって3年くらい研究会を続け、軍事的にみても辺野古に基地は要らないのだという報告書を作り、それを持って議員も専門家も日米でどれだけ回ったか分かりませんが、結局辺野古賛成派にはああでもないこうでもないと言われ、受け入れてもらえません。私の中でも結局行きついたのは、軍事戦略でも外交戦略でもない。この辺野古基地問題についてのすべては、沖縄の人たちの声を聞こうという姿勢があるかないか、に尽きるんです。選択肢はどれだけでもある。政府も軍事的にあそこが有用かどうかなどは後でどんな説明でもつけられる。とにかく今の方針を進めたい、アメリカに何か違うものを提案するなどということは考える余地もない、それだけです。

金平　辺野古はもちろんですが、南西諸島にも自衛隊を配備して、琉球弧全体を対中国、対北朝鮮を睨んだ最前線基地にしてしまおうという腹なのです。今は石垣や宮古への自衛隊の配備が焦点ですが、本土のメディアはあまり大きく扱わず、ちゃんと報道しているのは「琉球新報」と「沖縄タイムス」だけです。

猿田　忘れてはいけないのは、鹿児島県の馬毛島です。あそこでは米軍機訓練の移転に反対する市長さんが再選されました。

金平　僕がショックを受けたのは、池澤夏樹氏の「朝日新聞」への投稿でした。普天間基地の移転先としては馬毛島がいい、それで沖縄の負担が減るのであればいいではないかと言うのです。

猿田　現実は、普天間基地建設も進む、馬毛島の基地計画も進むという状況になっており、馬毛島だって琉球弧の一部ですから、負担は減るどころか増えるだけです。

金平　辺野古の新基地建設のために、本島南部から沖縄戦の遺骨が含まれた土砂を使うことに反対をして、沖縄戦遺骨収集ボランティア「ガマフヤー」代表の具志堅隆松さんがハンガーストライキを始めましたが、先日そこへ取材に行ってきました。本当にひどいものです。具志堅さんは「基地に反対か賛成か以前の、人道上の問題だ」と指摘していますが、その採石場は「魂魄の塔」から歩いて1分もかからないところにあるのです。よくあんなことがやれますよね。

猿田　なぜ右翼は反対しないのでしょうか。彼らの心が一番くすぐられそうですが？

白井　日本に本当の右翼などほぼいませんから。

金平　業者はその時に何を言ったかというと、「遺骨は表土にはあるでしょうが、私たちが使うのはその下の石灰質だから問題はないんだ」というのです。それを聞いて、東京で宗教者たちが立ち上がりました。キリスト教、仏教に関係なく、遺骨に直接関わる仕事をしている人たちですから、ひときわ敏感に反応し、こんなことを黙っていていいのかと宗派を超えて初めて集まり、本土のメディアも徐々に動き始めたという状況です。基地問題ではあまり良い展望がありませんが、諦めちゃだめですから。

猿田　沖縄は1972年に日本に復帰して、来年が50年の節目ですね。

金平　このことに関して言うと、沖縄のアイデンティティを保持する、といった流れがだんだん弱まってきている感じがします。むしろ本土とどう一体化するのか、日本の一員としてどう貢献できるか、といったプロパガンダ的潮流の影響が強い。それを進めるバネは、やはりお金です。辺野古に、南部戦跡の遺骨が混じった土砂を使おうという人たちも、やっぱり金儲けなんです。そうした金儲けをしたい人たちが主流になって工事を加速し、それを菅政権や沖縄防衛局が「辺野古が唯一の解決策」という言い方で後押ししようとしています。それを押し返すだけの力にはまだ至っていないのです。

最近、知念正真作の戯曲「人類館」が新しいバージョンでオンライン上演されましたが、すごかったですよ。沖縄戦以降の現代史を全てそこに詰め込んだ、ラディカルな内容になっていました。これから「生きろ　島田叡――戦中最後の沖縄県知事」という映画も上映されます。集団自決を強いるような日本軍の動きとは違うんだ、といった所に救いを求めており、沖縄の地元メディアも、映画化の動きを評価しています。この映画作品は労作であり、精密な取材もなされていました。作品が感動的な一方で、復帰50周年の節目を前になぜ彼が主人公なのか、その立ち位置をめぐっては、なかなか複雑なものもあります。僕が信頼を寄せている沖縄のジャーナリストや写真家は、「この動きは止められないのですか」と言ってきました。つまり、復帰50年の主役は誰なのかという本質的な問いかけです。

猿田　私はまだ見ていないので分からないのですが、金平さんのご意見の主眼はどこにありますか?

金平　島田叡知事については、1945年1月に最後の沖縄県知事として本土から送り込まれ、本土政府および第三十二軍とともに軍民一体化政策を忠実に遂行し、鉄血勤皇隊の組織化整備などに尽力した、内務大臣直属の知事としての足跡をまず直視しなければなりません。彼が本当にやったこととやらなかったこと、実際に発言したことと伝聞でしかないことの精査が必要です。その上で、ですが、沖縄戦で悲惨な体験に陥ることになった住民・市民の存在がいつのまにか脇に押しやられ、「沖縄戦の英雄」として島田知事が描かれているいくつかの作業がすでになされている現実にも目を向ける必要があると思うんです。一例を挙げれば、ノンフィクション作家の門田隆将氏は、島田叡知事を「沖縄に散った英雄」として描いた『敗れても　敗れても』という作品を出しています。それを読むと、あまりに一面的な記述で、過度な神格化を感じざるを得ません。そのことを敏感に感じ取っている沖縄の人たちが、僕のところにやって来て、いわば「警告」するわけですね。その気持ちをしっかりと受け止めるべきだと僕は思っています。

つまり、気をつけなければならないのは、本土=ヤマトゥーと沖縄の共存・一体化に向けての、ある種のポジティブなストーリーをみんなが求めているということなのかもしれません。僕は正直に言いますけれども――こんなことを言ったらあちこちで袋叩きにあうかもしれませんが――ヤマトゥーの人間が50周年の時の主人公になるべきではない、と思っているのです。むしろ、瀬長亀次郎のような、あるいは阿波根昌鴻(あはごんしょうこう)のような、琉球人としての誇りを持って、反米・抗米を身を以て示した人物こそ、50年の節目の時期に検証する意味があるのではないかと思うからです。これは自分の中でも解決できていない途轍もなく難しい問題です。僕は北海道生まれのヤマトゥンチューですし。ただ、沖縄の一部から、「これはちょっと違うんじゃないの」と僕のところに言ってきた人たちがいましたが、その気持ちが、どこか自分の中で強く、強く引っかかっているのです。

白井　それは非常に難しい問題をはらんでいますね。島田叡は内務官僚で官選知事として沖縄戦間近の沖縄に派遣され、沖縄人民の生き残りに心を砕きながら、最後は自らも犠牲になった人だった、と。その生き様には本土のわれわれこそ学ぶべきものがあるのでしょうけれども、金平さんの違和感は分かります。何というか、いま「和解の物語」を持ってくるのはなんか違うだろう、と。

金平　沖縄が今置かれている状況とすごく関係している話ですから。

辺野古の基地建設自体について言うと、それがあと何十年かかるか分かりませんが、その頃にはアジアの安全保障の環境も変わっているでしょうし、そもそもその基地に軍事兵器を備える意味があるのか問われます。しかしこれも、政府の思考パターンで言えば、「一旦決めた以上、絶対に修正しないんだ」ということです。

バイデン政権になって、日米の「2＋2（日米安全保障協議委員会）」があり、アントニー・ブリンケン国務長官とロイド・オースティン国防長官が来日して、茂木敏充外務大臣と岸信夫防衛大臣と協議したじゃないですか。あの後の記者会見で、日本側の2人は揃って「普天間基地の問題を解決するには、辺野古が唯一の解決だ」だと言いました。アメリカ側は自国の軍基地建設のことなのに全く触れませんでしたが、日本側は「両者で一致した」とアピールしたわけです。しかも、メディアはそれについて誰一人質問せずに、中国の脅威のことを質問しただけです。それが今の日本の沖縄に関するジャーナリズムの現状だということです。50年という節目も、下手をするとお祝い、お祭り行事みたいになってしまう恐れがあるのではないかという気がします。

猿田　来年には、知事選があり、玉城デニー知事が再選されるかどうかがまた大きく事態を変化させますね。

金平　これまではデニー知事を押し上げた大きな結集軸があったのですが、翁長雄志さんという象徴的な方が残したいわば「遺産」がだんだん弱くなっています。デニー知事は、翁長知事ほどの吸引力はありませんが、腰が軽く幅広い支持がありますから、自民党は有力な対抗馬は立てられないと見られています。いま名前が上がっている人に、ロクな人は見当たらないようですから。

猿田　沖縄の人々は地べたを這うような厳しい取り組みを続けながら辺野古基地建設に反対する活動を行っています。私も沖縄の皆さんの後について微力ながら共に活動してきたつもりですが、沖縄戦の記憶の風化とか、基地建設を食い止めようとする活動の停滞を心配しています。コロナにも活動制限されています。米軍基地内で大規模クラスターも発生していますが、米兵は入管を通らずにＰＣＲ検査もせず、感染したまま入国している可能性も高い。しかも、米軍は感染者を基地外で療養させたりもしています。また、Ｇｏ Ｔｏで本土から人が来て感染が拡大したことにも沖縄では怒りが広がりもしています。現在、沖縄の感染者数は人口比で全国でも最悪の部類です。それに対して、デニー知事がきちんと対応できていないと批判が集まったりもしています。また観光業が主要産業の沖縄で、コロナによる沖縄経済へのダメージはものすごく大きい。

かつては翁長知事を、今はデニー知事を支えてきた「オール沖縄」は、リベラル派の方が圧倒的に多いけれども、保守派も経済人もかかわっていることに大きな意義があったのですが、様々な理由から保守派や経済人が一人離れ、二人離れ、今では「オール沖縄」ではなく「ハーフ沖縄」ではないかと、辺野古賛成派の側から揶揄されるような感じになってしまっています。それでも、沖縄全体では辺野古新基地に反対している人は圧倒的に多く、世論調査の結果が大きく変わるということはないと思いますけれども。沖縄は、衆院小選挙区でも革新・リベラル側が全て勝つことのできる可能性のある唯一の県でもあり、その動向は日本全体の政治地図にも強い影響を与えますから、そこが崩れれば私たち本土のリベラルも大きな打撃を受ける。「沖縄頼み」と沖縄でがんばる方々から批判される点でもありますが、とはいえそれも現実でもあり、沖縄の声が上手くまとまって沖縄で広がり、また、本土にも拡散されるように、本土からも取り組んで行く必要があると思います。

辺野古基地建設自体で言えば、政府としてはポイント・オブ・ノーリターン（回帰不能点）を目指して、「もう戻れないよ、ここまで進んだんだからね」というところまで早く近づけようとしています。現在までに終わった埋め立て工事は計画の５％程度だと言われていますので、まだまだ反対して意味がないということは全くありません。日本全国の米軍専用施設の約70％ほどが沖縄県にありますが、デニー知事はそれを50％以下にするという目標を、先日初めて掲げました。沖縄の米軍の約６割が海兵隊員ですが、海兵隊の基地が全部沖縄からなくなっても、なお本土の主要基地である三沢、横田、厚木、横須賀、岩国、佐世保を合わせた総面積より広い基地が沖縄に残るわけですから、極めて控えめな目標です。日本全国に基地を散らせばいいというものではありませんが、沖縄の現状をどうするか、本土の人間が真剣に考えていかなければいけないんだろうと思います。

白井　防衛施設庁が発表した工事進捗率は５％ですか。ただいわゆるマヨネーズ状の地盤の問題がありますから、本当に物理的に建設が可能なのかどうか分からないわけですよね。それでも、一度決めたことはそれがいかに非現実的であろうと止められない、と。そういう意味では、辺野古の基地建設は、にっちもさっちもいかなくなっている核燃料サイクル事業に似てきている気がしますね。

猿田　これに対して、立憲民主党は沖縄の辺野古新基地建設についても明確に反対とは言ってきませんでした。立憲の支持者の多くは辺野古基地建設に反対なのですが……。そして脱原発も言わなくなってしまった。立憲の中にはリベラルな議員もたくさんいますから応援したい気持ちはあるんですが、党としてオルタナティブを提示できていません。

白井 日米地位協定を全面改定しようという点ではどうですか？

猿田 それは言えているんじゃないですか。自民党から推薦されている人がほとんどの全国知事会ですら、改定をした方が良いということを全会一致で掲げていますから。自民党員でも言う人は言っているという程度のテーマについてですら、党の政策をそれより右に寄せるなら、野党としての存在意義がなくなります。

白井 辺野古の工事が止まらないなかで「オール沖縄」の結束も少し危いという話がありましたが、それは端的に言うと本土のせいなのです。本土の側が沖縄の民意を踏み潰してきたからであって、やはり辺野古の問題というのは東京の政治が根本的に変わらなければ止めることはできません。そう考えた時に、忸怩たる思いがあります。結局政権交代を起こすしかありません。さすがに立憲民主党も、辺野古については見直す方向をようやく出してきました。これまで延々と中途半端な態度を取り続けてきたことに対して、根本的な反省が求められています。

猿田 本土復帰から50年、沖縄戦から75年が経とうとしています。米軍基地の数は減ったでしょうか。米軍占領時代、山梨、岐阜など本土から基地が移転して、本土では跡地に大きな公園などができた半面、沖縄の基地面積は拡大しました。その時に沖縄の人たちは、平和憲法のもとに戻れば沖縄から基地も減っていくに違いないと思って本土復帰を目指したはずですが、基地の存在は今に至るまでほとんど変わっていません。基地は減らない、核密約はある、というのでは、復帰50年を諸手をあげて喜べるはずもなく、皮肉を込めて「琉球王国に戻った方がましだ」という声さえ出ています。じゃあ、あと50年経った時に、日本や沖縄はどんな姿になり、本当に復帰100周年を祝えるような状態になるのでしょうか。来年、沖縄県は国と一緒にセレモニーをやることになるのでしょうが、デニー知事には相当な決意とメッセージを込めてほしいと思います。もっとも、本当の変化は、私たち本土の想いと決意なしには起きえないことでしょうが。

金平 沖縄というのは、僕の中では、日本の姿を映し出す鏡だと思っています。自分たちの本当の姿を見つめる、と同時に相手も見つめるというのは大事な作業ではないでしょうか。日本人って、島国だということもあるでしょうが、多様性を受けいれる能力に欠けています。仲間内で必要以上に褒めあったり、一方で弱い者いじめをするのは、とてもよくないと思います。自分たちが嫌なものを弱いものに押し付けるということがずっと続いてきました。原発を過疎地に押しつけたり、沖縄に基地を押しつけて、自分たちは平和や安全を享受しようとしています。

加えて、沖縄に対しては差別や偏見が未だ続いています。前に戯曲「人類館」再演の話はしましたが、本土決戦を防ぐために沖縄が防波堤にされた経緯や、日本軍から沖縄の住民が集団自決を強いられた、という悲しい歴史があるわけです。そういう事実が教科書から削除されたり、直視しないようにする動きがあることは、フェアではありません。

考えてみれば、「本土復帰」とか「沖縄返還」という言い方だっておかしな話です。なぜって、

「沖縄返還」の主語はアメリカであり、「本土復帰」の主語はまるで日本のようであり、「琉球処分」の主語も日本じゃないですか。本当に沖縄が主語になった言い方って何なんだろうか、と思います。大きなものの一部になることが即プラスだという、大きなものへの帰属・吸収志向的な考え方自体が、もう無効になりつつあるのです。共通の目的や関心をもつ人々が自発的に集団を作る「アソシエーション」という価値観が出てきている中でいうと、沖縄は日本の中で一番自立する可能性があると思っています。沖縄はもともと日本とは異なる歴史をもった国であり、琉球国として小さくてもちゃんとやってきたという歴史が刻まれているということに、日本は学ぶべきだと思います。文化や伝統、言語も豊かで、家族の在り方も大家族主義で日本とは違い、県民所得の水準が低いという基準だけでは測れないものがあります。みんなで支えあう地域・共同体意識がどこか残っているんですから、羨ましいと思う時があります。

白井　この間の沖縄に関して一番大きなニュースは、先ほど金平さんもおっしゃったように、辺野古新基地の日米共同利用について、米軍と自衛隊の間で、現場レベルである種の合意がなされていたという話です。政府自民党は「そんなことはありえない」と言って一所懸命否定していますが、あれは多分本当ですね。根本的に考えると、ここで明らかになったことは、実は日本にシビリアンコントロールなどない、ということです。でもよく考えれば当然のことで、自衛隊の本当の指揮権がどこにあるのかというのは、アメリカの公文書で明らかになった「指揮権密約」に関わってくるのです。指揮権密約の意味することは、そもそも日本のシビリアンが、究極的な状況、つまり有事の際に自衛隊をコントロールできるはずがないという構造になっているということであり、そのことがこの共同利用の一件を通じてはっきり見えてきたということだと思います。日米の軍事的一体化は急速に進んでいますから、なおさらです。

その視点から振り返ってみると、トランプ氏と金正恩氏が罵り合っていて、本当に朝鮮半島有事があるかもしれないという状況になっていた時に、何が起きていたのでしょうか。日本の安倍首相は「異次元の圧力を」とか言っていたわけです。国連決議にのっとった制裁に加えて、そこからさらに圧力を強めていったら、本当に戦闘が始まってしまうこともあり得たという状況だったと思います。米軍の空母が万が一の時のために戦闘準備態勢に入ったり、自衛隊も現場レベルでは米軍と協力するシフトを取っていたと思うのです。そうなったら、自衛隊を指揮するのは誰なんだ、と。果たしてそのことを、あれだけ勢いのいいことを言っていた日本のトップの政治家たちが、その意味を本当に把握していたのか、ということが思い浮かんできたのです。

金平　沖縄の辺野古問題、あるいは日米基地問題全般が、核燃料サイクル問題と同レベルだというのは、言い得て妙です。また今の話を聞いていて思ったのは、３・11の原発事故の時の菅直人首相と自衛隊の関係と似ています。この間、ＮＨＫのＥＴＶスペシャルで、あの時に菅直人首相が自衛隊に出動要請をしたことについて「誰が責任を取るのか」を問う番組がありましたが、ちゃんとした検証を行っていてびっくりしました。よく考えてみると、あれは指揮権発動に近いんです。だってもともと自衛隊には、原発の事故処理に出動するという任務・権限は与えられていなかったのですから。その時の記者が「これは日本国憲法の苦役を禁止するという条項に違反していませんか」と菅氏に直接、聞いたのです。あれは「超法規的な……」と、菅氏は詰まりながら答えていましたが、自衛隊が原発の事故処理に当たるということを憲法は想定していないのです。つまり自衛隊とはそういう存在であり、では誰の指揮下にあるか、と言うことです。この番組が優れていたのは、米軍の動きをきちんと取材していたことです。あの時は、船橋洋一の著作にも出てきますが、ペンタゴンの本部からの命令で、在日米軍は全部引き上げようとしたんです。実際に横須賀や横田にいた米軍の家族や軍属の中には帰国した人もいました。それを当時のアメリカ駐日大使ジョン・ルースが、「ここで逃げたら日米安保条約が壊れてしまうから」と言って、ギリギリのところで止めるんです。そしてアメリカは、威信を回復するために「トモダチ作戦」をやり、一部軍人は被爆して裁判にもなっています。

これは先ほどの話と同じで、自衛隊の指揮系統を含めて、実際の主権はどこにあるのかが問われることです。白井さんの言葉で言う「国体」ですが、日本の大元の意思決定はどこにあるのかを考えた時に、これは依然として空無なのです。むろん戦前のように天皇ではありませんから、やはり曖昧ながらアメリカにあるということです。菅義偉首相がコロナ禍の真っただ中で訪米しましたが、バイデン大統領が最初に受け入れてくれるのは日本だと、自慢しているわけです。

白井　まるで戦前の天皇の拝謁ですよ、拝謁。

金平　本当に最悪ですよ。日本の歴代の総理というのは必ず、最初の訪問国には多少のばらつきはあるにしても、基本的にはまずはアメリカ詣でをして認知を得るというのが通例になっています。まるで昔の中国の帝政時代、清などに周辺の国々が皇帝詣でをして認知してもらう冊封体制と同じです。本当の自立した主権国家になってないという流れがずっと続いているのは、沖縄しかり、原発しかり、コロナ対策しかりです。僕らの作ってきたものが空虚であり、空無だということです。基地被害を押しつけられている沖縄の人々とか、原発事故から10年たっても後始末さえできずに無念の思いで先に逝ってしまった人々に対して、申し訳ないで気持ちで一杯です。

先日、ある映画（「大地を受け継ぐ」井上淳一監督）を見ました。福島のある農家の人が、農耕地の放射線汚染で作物が売れなくなって、首を吊って自殺しました。あとに残された家族が、なぜこんな目に遭うんだと考え抜いて、農業を継ぐ決意をするわけです。その人たちが映画の中で淡々と語っている言葉の重みを考えた時に、この人たちの思いが空無にされ、誰一人考える人がいなくなってしまうような世の中は、やっぱり変だと確信しました。このおかしな国としての有様が耐えられないくらいのレベルに達していることが、コロナで可視化され、加速化したのです。

5. 次の政局を見据え、日本の権力構造を変えるために

金平　今の菅政権は安倍政権の残りカスみたいなものですから、一刻も早く終わらせなければいけないというのは、この3人の共通認識ですよね。行政能力的にも、目指す方向についても、変わるべきものがあるのならすぐに変わって欲しいのですが、じゃあ次は、来るべき新しい政府というのは、何を目指し、どのように選ばれるべきかという話になると思います。

白井　原発や沖縄の政策を変えなければなりませんが、それが特別に重要なのは、日本の権力構造そのものを変えなければできないからです。

金平　原発と沖縄の根底にあるものは同じですよ。単純に言ってしまうと、日本の主権がないからで、対米従属構造の枠組みを壊さないとできないということです。

白井　国際的には日本は国家主権を自発的に放棄しているし、国内的には国民は自発的に国民主権を放棄しています。とは言え、原発は事故以来、廃炉が決まっているところが多く、事実上かなり減っており、稼働しているのは数えるほどです。訴訟で運転差し止めになったケースもあります。だから〝脱原発〟は実はかなり実現しているわけです。しかし、なぜそういった印象が弱いのか。ここには国民主権の問題が関わっていて、原発が減った背景には、国民世論の圧倒的な

原発への反対、嫌悪の感情があることは間違いありません。しかし日本の権力としては、このことをぼやかさないといけない。仮にそれを認めてしまったら、国民主権を認めてしまうことになってしまうので、それは絶対にあってはならないのです。だから、「よく見たらいつの間にかあまり動いていないよね」という曖昧な状況にしているわけです。

金平　なるほど「ぼやかしている」わけだ。それって、次の政権でクリアできるんだろうか。

白井　自民党政権にできるとは、私には思えませんね。自民党内で菅首相が目をかけているのは河野太郎氏や小泉進次郎氏でしょうが。

金平　河野太郎氏という人は、もともと脱原発を自民党の中で異端として言い続けてきた人なのにもかかわらず、今は一言も発言しなくなりました。小泉進次郎氏に至っては、汚染土でキャベツやインゲンを栽培する実証事業を行うとか言って、汚染土からできたプランターに植物を植えて記者会見の時に演壇の上に置くような小賢しい人です。菅という人から見ると、そういう人が使いやすいのでしょうね。余計なことを言うような石破茂氏とかは可能性はほぼゼロ、岸田文雄氏も影が薄くなっています。こうした人が次の総理になったとしても、基本的には自民党の今の路線が継承されることになるでしょう。顔が変わるからと言って、惑わされてはなりません。

猿田　でも、安倍氏から菅首相になった時に支持率は急上昇しましたから、「夢よもう一度」ということは起きそうですね。

金平　確かにあの時は無惨な思いをしました。秋田の片田舎から集団就職でやってきたなどというありもしないストーリーを作って、実務派とかたたき上げということで支持率が上がりました。マスコミも含めてこれを持ち上げ、それに有権者が反応したわけです、残念ながらね。

白井　国民がこんな状態で民主主義国家だと言うのは、あまりにも不条理という状況です。その後の菅政権の支持率を見ても、コロナの感染者数の増減とほぼ連動しています。感染者の増減と政府の政策がどう関係しているのかという検証がないままに、です。そして、菅首相の支持率が低下するにつれ、安倍の「3度目の挑戦」などというおぞましい話も出てきています。

猿田　政権交代はもちろん難しいでしょうが、現政権の支持率が落ちた時に選挙となり議席の差が小さくなれば、変化のための糸口が見出される可能性は生まれるのではないか、という気はします。

白井　絶対多数を失えば、少なくとも強引極まる議会運営はできなくなりますね。

猿田　立憲民主党と国民民主党が合併して国会議員の人数は倍増し、以前は点と面の戦いだったものが面と面の戦いになったと、枝野さんも言っていました。菅政権発足後、初の国政選挙となった北海道、長野、広島の衆参3選挙区の補欠・再選挙で、自民党は三連敗したではないですか。まあ、まだ弱いけれど、奇策に出ずとも、がっぷり四つで組めるようになったということだと思います。だからこそ、もう少し骨のあるのある政策を打ち出してほしいですよね。

白井　枝野幸男氏よりも革新的な人々が党の中で力が発揮できないのは何故なんですかね？

猿田　民主党政権時を思い出さずにいられませんが、党内には右から左までいるので、安保・外交政策をまとめることも難しいのではないでしょうか。マニフェストで外交についてみてみると、「健全な日米関係を軸とする」といった程度しか書かれていません。

加えて、立憲は、右からの支持者を増やして次の選挙で票を伸ばしたいと考えていると思います。だから外交でもリベラル路線を出さず、「現実的な路線を取っています」という説明なのですが、それで支持が増えて政権交代ができるのなら私もその路線を大いに支持しますが、残念ながら支持率は下げ止まっているのが現状です。

白井 はい、まさにそこが問題です。中途半端な中道路線では自民党にしてやられるだけです。これまでのパターンを見ると、自民党がこのままではアカンという時には、一度政権を失った経験をしてから顕著ですが、なりふり構わず政権維持に行くでしょう。例えば、森喜朗氏のオリンピックに関する発言問題に象徴されるように、自民党の男尊女卑的な体質は根深いものがあります。夫婦別姓問題、皇位継承の問題でも、日本会議的なものが自民党のコアの部分にあります。国民もそこにだんだん気づいてきます。女性の自民党支持率は常に男性より低いわけで、これがゼロに近づいてくると、さすがに政権維持が危うくなってしまいます。そこでどうするかというと、自民党は野党のリベラルっぽい政策をパクるわけですよ。「夫婦別姓オーケー」とか「同一労働同一賃金」とか、「幼保無償化」とかね。

「幼保無償化」では、私立幼稚園連合会最高顧問の森喜朗氏らが旗振りをしていますが、その私立幼稚園連合会で基金など4億円以上が横領され、香川敬前会長らが関与した疑いがあるというすごい展開になっていますが、これも安倍案件のようです。香川氏は幼稚園のトップだけではなく、オリンピックに関する諮問委員などもしていて、無茶苦茶羽振りがいいと言われています。使途不明金について本人は「個人的なことには使っていない」と釈明していますが、4億は個人として使うには多すぎますから、ある種の政治活動資金だった可能性も出てきます。彼は山口県出身で安倍系列の人と見られますから、「無償化政策」と関係していたかも知れません。

つまり「アベノリベラリズム」はいわば似非リベラリズムなのです。今回のオリンピックの件でも、森さんがああいう形で辞めたあと、川淵三郎氏ではさすがにダメだという話になり、女性がいいとして橋本聖子氏になり、そのあと後釜には丸川珠代氏がスライドしましたが、これって全部森氏や安倍氏に繋がる清話会の人事異動にすぎません。人を馬鹿にした話ですが、自民党はこういう目くらましの手練手管はうまいわけです。だから切り札として「選択的夫婦別姓」を打ち出すという可能性はあると思います。

猿田　おっしゃるように夫婦別姓とかＬＧＢＴの結婚を認めるといったことを選挙前に出してくる可能性はありますが、自民党がそれを出したからとて、政策に賛成して推進とかじゃないですよね。森発言にしても、社会的に大きな反発の声が上がったから仕方なく動いたに過ぎない。

白井　よく考えると、あれはオリンピックという国際的大イベントの文脈で、世界的にも報道された中でのことです。オリンピックが終わるともう外からの目は気にしなくていいという話になり、ますます内向きに閉じこもっていく可能性があります。

猿田　日本には外圧が効きますからね。

白井　東京オリンピックによって世界からの注目が日本に集まると、一定の効果はありますよね。特に日本に深い関心のない人からすれば、「日本って先進国で、価値観も基本的に自由民主主義だったんじゃなかったっけ」程度の認識しかなかったでしょうが、実はとんでもない国だということがだんだん明らかになってくる。

金平　コロナ禍では、自国の感染を収めることに関心が向かい、国民国家型のナショナリズムが強くなっています。ロシア、中国、アメリカはもとより、ヨーロッパでさえ、自分さえよければいいみたいなことになり、国境を越えて助け合うという機能が衰退しています。日本ももちろんそうで、ましてやコロナ以外のことで隣国の韓国や台湾、香港やミャンマーがどうなっていようが、聞く耳を持たないという状況です。とにかく、アメリカが何を言ってくるかだけが最大の関心事なので、まさに属国状態です。主権国家として、日本がどうするかという主体的な判断が必要なのにもかかわらず、そうなっていません。

次の政権では、沖縄と原発は少なくとも変えてほしいと思っているのですが、お二人の話を聞いていると、ワーストケースシナリオも考えておかなければなりませんね。野党は、直ちに政権交代できるようなまとまった態勢にはなっていません。そうすると、不完全な形であれオリンピックをやる。世界的には「あんな大変な時でも日本はやったね」となって非難をしにくい。それを逆手にとって、菅政権は「とにかくやりました」と言い、メディアも共犯者という側面がありますから正面から批判はしない。で、オリンピックが終わると膨大な借金が国民のツケとして回ってきて、コロナ対策に本来費やされるべきお金がどんどん減ってゆく。9月の任期切れが来て、「岸田にせよ石破にせよもう過去の人だから、やっぱり菅さんしかいないじゃないか」となる。総選挙になり、国難の時期だから、国民の選択肢としては自民党以外にない……という話になった時に、国民の精神的停滞状況ゆえに、落ちるところまで落ちてゆくというシナリオが現実的になってしまいます。

猿田　あり得ますね。支持理由にしても、安倍さんの時と同じで、「ほかにふさわしい人がいないから」ということでしょう。

金平　菅政権が変わったとしても、自民党内の事情で看板をすり替えるだけです。少なくとも検察庁法改正を潰したようなツィッターデモでも数十倍規模で広がらない限り、国民の力で変えるというような形にはならないでしょうね。それは相当な重症ですよ。若い人たちや女性の意識の変化に希望を見出そうと言ってきましたが、よほどのことがない限り大きな変化には繋がらないでしょう。

猿田　女性差別について最後に一言だけお話ししておけば、私の属する司法界においても、日弁連（日本弁護士連合会）の会議に出席してみれば、女性は私以外あともう一人、二人という状況に慣れっこになっています。私が本当に感動したのは、この前亡くなったアメリカ連邦最高裁の裁判官ギンズバーグ氏の発言です。アメリカの最高裁の判事の地位はとても高く、その人数は9

人と決められています。彼女はアメリカで歴代2人目の女性判事だったのですが、記者に「9人中何人、女性が最高裁判事になる必要がありますか」と聞かれた時に、なんて答えたと思いますか、「9人全員」って言ったんです。「今まで9人とも男性なのが当たり前だったんだから、女性が9人の時がなきゃフェアじゃない」と。歴代、日本の内閣が全員男性だったことも多かったわけですから、全員女性の内閣もなければフェアじゃない。そんな考え方、日本人はフェミニストでもなかなかできない。目からうろこです。

自民党が、本音では反対だけど、選挙対策として選択的夫婦別姓を実施する、というのでも、私は悪いことではないと思います。そんなわずかな機会における少しずつの変化を重ねることで、世の中を変えていくほかありません。

サッチャー氏が首相の時代に生まれたイギリスの子どもの中には、「男でも首相になれるの?」という質問をした子どももいたそうです。サッチャー氏は新自由主義を先取りした人で私は好きではありませんが、男女平等という一点から見ると、そこは若干の前進ではあった。全く違わない政策を実施するのであれば首相が男性であるよりはまだ女性のサッチャー氏でよかった、というくらいの気持ちで臨むほかない、と思っています。女性であるサッチャー氏が言うのだから通った、その考えがサッチャー氏だからこそ女性により浸透したという要素が強いのであれば、そこはまた違った結論になりますが。

金平　前進ではありますが、僕はそれについては部分的に留保がありますね。男女平等について、すべてにおいて同数とかパリテ（数的同数の実現）とかいう考え方を必ず上位に置くという考え方にはね。例えば、アメリカ軍の中に男女差別があったわけです。軍の中の女性兵士が「なぜ女性を前線に出さないのか、私たちも国のために戦っている同じアメリカ軍人なのに」と言うのですが、ぼくはそこは違うのではないかと思いました。人を殺めるという軍の目的を考えた時に、男女が生まれながらにして持つ特性というものが密接に関連しているのではないかと考えたのです。留保という意味は、男女同数とか機会均等というものをその他の価値観の上に置くという考え方を、無条件に受け入れることに疑問があるからです。あとは、サッチャーみたいになってほしくない、と。

白井　さっき金平さんが言った「ワーストケースシナリオ」についてですが、どこかで反転する契機をつかまないといけないのですが、そのチャンスは潜在的にはあるんですよね。今のコロナ問題もそうですし。

金平　３・11の時もそうでしたが、一つ見逃したチャンスは、安倍晋三氏が病気を理由にして退陣した時でした。あの時に安倍政権の功罪を徹底的に追及すべきだったのです。テレビも感動的なストーリーを作り出しました。自民党政権が永久に続くべきだという強い確信をもって作ったのではなく、視聴率狙いだったのでしょうが、それは結局金儲けです。だけど、金儲けを上回るような公共的な価値こそが大事でしょう。その公共的な価値が見失われているから、あらゆる分野が私利私欲の場所になってしまうのです。原発や沖縄だって、まさにその通りです。

猿田　展望を見出すことが難しいこうした時代だからこそ、公共の価値といった国民的な意識の本来あるべき姿を示し続けることが大事なのでしょうね。そうしたことを働きかけながら、一度に全部ひっくり返せなくても、どこかで必ず生まれる可能性を的確につかんで反撃する、それをあきらめないことでしょうね。

金平　『抗うニュースキャスター』という本をかもがわ出版に作っていただいた時には、こんなふうになると思いませんでしたが、僕がずっと一貫している基本的な姿勢は、「抗う」ということです。権力の横暴に黙ってはいられない、いつも口をつぐんでいる気はない、ということです。これは、今まで生きてくる中で常に、いろいろな人から説教されたり、「これだけはちゃんと守れよな」と言ってくれた人がいたからです。だから今も、後輩にこれを繋いでいかないといけないという気持ちが残っているのです。

猿田　おいくつくらいからそういう気持ちになりましたか?

金平　恩師=メンターが亡くなった時ですかね。テレビの世界に入って「ニュースコープ」で働いていた時は、田英夫さんとか入江徳郎さんは、筋を通すニュースキャスターとして偉い人だなと思っていました。入江徳郎さんなんか、ペンネームで春本を書いていたりして、幅が全然違うんですから(笑)。彼らからは、「弱いものの立場に立つのは当たり前だろ」とか、「多様性があるのは当たり前だろ」とか、「権力をチェックするのはジャーナリストとして当たり前じゃないか」と、会議や宴会のたびに聞かされていました。そういうすごい人の姿を後輩に繋いでいきたいと思っているのです。

猿田　なるほど、前から繋いでもらったものを次に伝えると言うことですね。

金平　業種とか所属は関係ないんです。「どこにいようが、お前とは一緒にやっていくから」という繋がりの大事さが、この歳になってようやく分かってきました。例えば、NHKの内規を破って汚染地域に入り続けて放射能汚染マップを描いた記者とか、朝日新聞に社論に反してでも、まともな記事を書き続けた記者など、もう理屈じゃないんです。一緒に動いてきて身の処し方を分かっていますから、絶対こいつらは逃げないし、そういう人間とは死ぬまで一緒だよ、というふうになっています。ありがたいことに、僕はそういう経験をさせてもらったわけですから、その姿勢を何とか伝承しないといけないと思っているのです。白井さんのように思いの強い人が、戦後の枠組み全体を考察の対象にすること自体すごいことですが、そこで根本からものを言えるというのはすごく勇気のいることです。

猿田　白井さんは、われわれの世代にとって一つのモデルですからね。

金平　それは一つの生き方ですから、それを貫くのはとても重要なことです。日本って肩書き社会ですから、くだらない肩書き一つ掴みたいがために人を蹴落とすような社会になっています。それはっきり言うと、くだらない生き方ですよ。

白井　「貧すれば鈍する」で、ますますその傾向は強くなっていると思います。そうしたことにめげず、いいことはいい、悪いことは悪いと言い続けたいですね。

あとがき

近年大ヒットした映画に「シンゴジラ」があった。話題作ということで私も観に行ったが、いまひとつリアリティを感じることができなかった。もちろん怪獣映画なのだから……とは言えようが、あらゆる虚構には何らかのリアリティがなければならない。

私が「リアリティの欠如」を感じたのは、筋書きの総合的な成り行きにおいてだった。ゴジラ出現に対して日本政府は無能をさらすが、こともあろうに総理大臣をはじめとする政府首脳陣がゴジラに襲われて全員死亡してしまう。それによって、平泉成が演ずる、政界では昼行燈のような存在と見られていたアウトサイダー気味の政治家・里見祐介に、総理職が突如として降ってくる。

里見総理は、若手官僚たちの進言を積極的に受け入れ、その結果については自分が全面的に責任を取る覚悟を示し、ついにはゴジラを無力化（正確には一時的に凍り付かせたのだが）することに成功する。

本作が、2011年の東日本大震災、とりわけ福島第一原発の事故によるトラウマに対する反応となっていることは見やすい。劇中でそれを思わせる細部には事欠かない。しかし、本作のテーマがあの原発事故であるならば、われわれがあの時経験したこと、そしてその教訓とは、「里見は存在しない」ということではなかったか。言い換えれば、われわれの世界の崩壊を食い止める救世主は存在しない、ということではなかったか。この世界がどれほど酷いものとなっても、どこかにそれを食い止めてくれる誰かがいるはずだ――そのような根本的な幻想が打ち砕かれたにもかかわらず、その幻想に依存し続けたのが、3・11以降の10年間の日本であったようにも思われる。

その間に救世主幻想はますます安っぽいものとなってきた。「アベノミクスの三本の矢」はまだしも真剣な議論の対象となり得たが、「グレートリセット」（小池百合子氏）は単なる言葉であり、「パンケーキ好きの叩き上げ」に至っては食べ物の好みと作り話にすぎない。つまり、救世主幻想が成り立たないにもかかわらず、その幻想に耽溺し続け、そのなかで幻想はいよいよみすぼらしいものへと落ちぶれてきた。それこそがわれわれの直面している現実（リアリティ）にほかならない。

かくして、このあとがきを書いているいま、すべては五里霧中にあると言ってよい。3年前に行われた、金平茂紀氏、猿田佐世氏と『白金猿』第一弾にまとめられる鼎談のなかで私たちが提起した問題は、本質的な次元では何一つ解決されていない。

その結果が、いままさに国民生活に襲い掛かってきている「新型コロナ禍の下での五輪」という狂気の沙汰である。大多数の日本国民が疑義を呈し、海外から続々と批判と警告の声が届き、さらには天皇までもが懸念を表明（間接的な方法によって）したこのイベントは、それでもなお強行開催される模様だ。

「東京２０２０」は、２０１１年の東日本大震災と福島第一原発事故から引き続いている危機の総決算にふさわしいものといまや化した。すでにデルタ株による第５波がせり上がりつつあるなかで、さらに世界中からウイルスを集め、それを混ぜ合わせてさらなる変異株をつくり出して世界中に輸出しようというのだから、日本の政治危機は日本人を苦しめるだけでなく、それ以外の世界をも危険にさらすものへと拡大しつつある。

ただし、本書のなかでも強調したように、そこに驚くべきものなど何一つない。大震災と原発事故によって露呈したものに再びヴェールを掛け、目をそむけ続けさせることこそ、このイベントに負わされた役割であった。オリンピックこそ、あの救世主幻想の中核に置かれたものだった。少々長い歴史的スパンで見るならば、それは、その本性において戦後日本の堕落の結晶にほかならない。「東京２０２０」は、原発の推進と同様に、国策である以上、いかなる合理的な批判と民意による反対があっても強行されなければならない。なぜなら、政官財学メディアの支配層が総意としていったん決めたことが民意によって覆されるなど、あってはならないことであり、日本国家の「ゲームのルール」が揺らいでしまうからである。一般国民は、政府の言うことを信じて、「安全安心」を感じておればよい。

そして、こうした政治を許容する、あるいは自ら求める心性が、日本社会のなかには確かに存在するのだ。そうでなければ、あの原発事故を経ても、虚構の「デフレからの脱却」を経験しても、さらには新型コロナ・パンデミックに対するこれだけの不手際を見せつけられても、根本的に政治を変えようという国民の機運が高揚しないことの説明がつかない。そのような日本国民の精神性は、明治維新以降形成された天皇制国家の原理の産物であると私は考えるが、ある学者の表現を借りるなら、その原理は人間を「植物的」にしてしまう。したがって、今日の状況は、この10年の危機のみでなく日本の近代全体の総決算なのだ。

救世主は存在しない。われわれがわれわれ自身の救世主になるほかない、という気づきだけが、「ゲームのルール」をうち壊し、今日の危機を突破する扉を開くだろう。私たち三人の対話がそのきっかけをつくることに寄与することができるならば、これに勝る喜びはない。

白井　聡

白井　聡（しらい・さとし）
政治学者。京都精華大学国際文化学部専任講師。1977年、東京都生まれ。早稲田大学政治経済学部政治学科卒業、一橋大学大学院社会学研究科博士後期課程単位修得退学。博士（社会学）。日本学術振興会特別研究員、文化学園大学助教などを経て現職。『永続敗戦論――戦後日本の核心』（太田出版）で第4回いける本大賞、第35回石橋湛山賞、第12回角川財団学芸賞、第3回岡倉天心記念賞を受賞。著書に、『未完のレーニン――〈力〉の思想を読む』（講談社選書メチエ）、『「物質」の蜂起をめざして――レーニン、〈力〉の思想』（作品社）、『「戦後」の墓碑銘』（金曜日）、『戦後政治を終わらせる』（NHK出版新書）、『白井聡対話集――ポスト「戦後」の進路を問う』（かもがわ出版）、『主権者のいない国』（講談社）など。

金平茂紀（かねひら・しげのり）
ジャーナリスト。テレビ報道記者、キャスター。早稲田大学大学院客員教授。1953年生まれ。東京大学文学部社会学科卒業後、1977年TBS入社。以降、同社で、報道局社会部、「ニュースコープ」副編集長、モスクワ支局長、ワシントン支局長、「筑紫哲也NEWS 23」編集長、報道局長などを歴任。2010年9月より「報道特集」キャスター。2004年度「ボーン・上田記念国際記者賞」受賞。その他番組を通じて、ギャラクシー賞、JCJ賞など受賞。2016年3月執行役員退任にともない退社。著書に『二十三時的』（スイッチ・パブリッシング）、『テレビニュースは終わらない』（集英社新書）、『それでもオバマは歴史を変える』『争うニュースキャスター――TV報道現場からの思考』（かもがわ出版）、『沖縄ワジワジー通信』（七つ森書館）など。

猿田佐世（さるた・さよ）
新外交イニシアティブ（ND）代表・上級研究員、弁護士（日本・NY州）。立教大学講師・沖縄国際大学特別研究員。1977年生まれ、愛知県出身。早稲田大学法学部卒業後、日本にて弁護士登録。コロンビア大学ロースクールにて法学修士号取得。アメリカン大学にて国際政治・国際紛争解決学修士号取得。アメリカ・ニューヨーク州弁護士登録。アムネスティー・インターナショナル、ヒューマン・ライツ・ウォッチ等の国際人権団体で活動。現在は、外交・政治分野において、米議会などで政策提言活動を行うほか、沖縄の人々や日本の国会議員らの訪米活動をサポートする。著書に、『新しい日米外交を切り拓く』（集英社）、『自発的対米従属――知られざる「ワシントン拡声器」』（角川新書）、共著に『辺野古問題をどう解決するか――新基地をつくらせないための提言』（岩波書店）など。

＜著者＞
白井　聡
政治学者、京都精華大学国際文化学部専任講師
金平茂紀
ジャーナリスト、TBS「報道特集」キャスター
猿田佐世
新外交イニシアティブ代表、弁護士（日本・米NY州）

白金猿Ⅱ――コロナ禍で可視化されたこの国の深層

2021年8月20日　第1刷発行

著　者　© 白井聡／金平茂紀／猿田佐世
発行者　竹村正治
発行所　株式会社かもがわ出版
〒602-8119　京都市上京区堀川通出水西入
TEL075-432-2868　FAX075-432-2869
振替 01010-5-12436
ホームページ http://www.kamogawa.co.jp
印刷所　シナノ書籍印刷株式会社

ISBN978-4-7803-1184-6　C0031